U0964006

藏在课本里的知识

|人手一本经典读本|

藏在课本里的“星”人物

《意林》图书部　编著

山东人民出版社·济南
国家一级出版社　全国百佳图书出版单位

图书在版编目（CIP）数据

藏在课本里的“星”人物 /《意林》图书部编著. — 济南：山东人民出版社，2023.7（2024.1重印）
ISBN 978-7-209-14544-2

Ⅰ. ①藏… Ⅱ. ①意… Ⅲ. ①小学语文课－教学参考资料 Ⅳ. ①G624.203

中国国家版本馆CIP数据核字(2023)第112272号

藏在课本里的“星”人物
CANG ZAI KEBEN LI DE “XING” RENWU
《意林》图书部　编著

主管单位　山东出版传媒股份有限公司
出版发行　山东人民出版社
出 版 人　胡长青
社　　址　济南市市中区舜耕路517号
邮　　编　250003
电　　话　总编室（0531）82098914
　　　　　市场部（0531）82098027
网　　址　http://www.sd-book.com.cn
印　　装　天津中印联印务有限公司
经　　销　新华书店

规　　格　16开（166mm×230mm）
印　　张　15
字　　数　150千字
版　　次　2023年7月第1版
印　　次　2024年1月第2次
ISBN　978-7-209-14544-2
定　　价　42.00元

如有印装质量问题，请与出版社总编室联系调换。

目录

CONTENTS

第一章　必考人物榜

目录

CONTENTS

第二章　诗词故事会

目录

CONTENTS

第三章　传奇热面孔

目录

CONTENTS

第四章　学霸风云录

目录

CONTENTS

第五章　名人朋友圈

第一章

必考人物榜

陶渊明：不擅长种田的田园诗人

饮酒·其五

［晋］陶渊明

结庐在人境，而无车马喧。
问君何能尔？心远地自偏。
采菊东篱下，悠然见南山。
山气日夕佳，飞鸟相与还。
此中有真意，欲辨已忘言。

真题面对面

【2022年江西南昌中考试题】

请在初中语文课文中选择一位你尊敬的人物作为对象，写一篇文章。或讲人物故事，或写人物对你成长的影响，或就人物的言行品格发表看法。

提分知识点

陶渊明对酒的喜爱，已经到了痴迷的地步，这在他的诗中不难发现。他不但爱酒，而且以酒寓情，将饮酒上升到心灵层面，以诗歌的形式表现出来，可谓“诗中有酒，酒中有诗”，其中最著名的便是他的《饮酒》诗。

实际上，陶渊明的《饮酒》诗并不是单单讲述自己饮酒时的感受，而是他在饮酒之后，用一个醉者的心态，考量世事，而后写出内心情感。从那么多《饮酒》诗中，读者渐渐发现自己读到的陶渊明并不是一个沉醉在酒中、浑浑噩噩的酒徒，反而是一个越喝越清醒的人，想必这就是屈原所说的“众人皆醉我独醒”。

硬核金素材

人物干货

陶渊明，字元亮，又名潜，世称靖节先生，东晋时期诗人、辞赋家、散文家。浔阳柴桑（今江西九江）人，田园诗派创始人，文学史上第一个大量写饮酒诗的诗人。

陶渊明有《饮酒》诗二十首，都是酒后所题。他曾说：“我闲居在家，缺少欢乐，再加上近来日短夜长，遇到好酒，每晚都饮。一个人饮酒，很快就醉了。等到酒醒之后，就题诗自娱，这不过是单纯为了欢笑罢了。”他有时独饮，更多的是和乡亲父老对饮，从中获得安慰和乐趣。关于陶渊明喝酒的传说有很多。如每逢酒酿好，他就取下头上的葛巾过滤酒，过滤完毕，仍把葛巾戴在头上。客人去造访陶渊明，他有酒的时候便设酒宴对饮，如果先喝醉，他就跟客人说：“我喝醉了，想去睡觉，你可以回去了。”他的性情就是这样率真。

有一年重阳佳节，陶渊明在院子东边的篱笆下一边欣赏着菊花，一边弹琴唱歌，突然酒瘾大发，但遗憾的是家里没有准备酒，他只好慢慢地走在菊花丛中，并摘了大把的菊花，坐在篱笆旁惆怅。这时他突然间抬头一看，一个身着白色衣服的人带了酒来，一问之下才知道这人是江州刺史王弘派来的送酒使者。原来朝廷屡次征召陶渊明做官，他都不答应，王弘想结识他，就多次给陶渊明送酒。这次陶渊明见酒大喜，立即打开酒坛，在花丛中畅饮，不禁诗兴大发，吟出了《九月闲居》这首名诗。而“陶公咏菊”“白衣送酒”的故事，也被后世文人传颂。

嗜酒如命的人

陶渊明一生都在为自己而活，再苦再穷，饭可以不吃，但酒一定要喝。关于陶渊明饮酒的逸闻趣事有很多，在这里列举一二：

陶渊明自称“五柳先生”。少年时，陶渊明写过一篇《五柳先生传》，说五柳先生是一个不贪图富贵且不慕名利的清闲人，一生只钟爱饮酒。后来，亲朋好友知道他因为家境贫寒不能经常买酒喝，就经常邀请他到家中喝酒，因此，陶渊明常喝得烂醉如泥。这是老年陶渊明的真实写照。

陶渊明留钱于酒家。颜延之是陶渊明非常要好的朋友，有一天，他来看望陶渊明，临走之际留了两万钱给陶渊明。陶渊明不好推托，但转身把钱存在了自己经常去的酒家，方便以后随时来喝酒。

寺庙酒客——陶渊明。有一日，庐山东林寺中很有名的慧远师父邀请陶渊明去寺中做客。陶渊明知道寺庙中是不可以喝酒的，先问：“您可以允许我喝酒吗？可以的话，我就去。”慧远破例答应，允许陶渊明在寺庙中饮酒。

最负盛名的隐士

在中国古代诗人中，不乏心向山林、追求隐逸的隐士，陶渊明可谓其中最负盛名之人。然而，陶渊明不是那种一心只爱山林野趣、没有抱负的人，他胸怀大志，心济苍生。

陶渊明出身于世家大族，他的曾祖父是晋朝立下卓越功勋的名将陶侃，祖父也当过太守，但陶渊明的父亲在他很小的时候就去世了，家道逐渐没落，但他依旧渴望像先祖那样做出不朽功勋。他从小就接受儒家教育，所谓“猛志逸四海，骞翮思远翥”，自诩胸襟开阔，志向高远。他也有实现这些抱负的机会，他担任过州祭酒，也曾进入将军的幕府工作，但都没能长久。在担任彭泽令八十三天之后，他挂印辞官，写下了《归去来兮辞》，从此远离官场、归隐山林，直到去世。

但他依旧心怀往日的理想，在《杂诗》中感叹“日月掷人去，有志不获骋”，在《读〈山海经〉》中借咏刑天，“刑天舞干戚，猛志固常在”，又赞叹荆轲，“其人虽已没，千载有余情”。这些诗歌都

采菊东篱下，悠然见南山

表明了他在出世的隐居生活里仍然胸怀“大济苍生”之志。但他未能如愿，因为官场黑暗腐朽的风气没有改变，晋朝灭亡之后，作为世家子弟的他在新的政治环境下备受猜忌，他已经没有机会施展抱负。这是陶渊明的悲哀，却是中国诗歌史上的幸运，他描写自己隐居生活的山水田园诗开辟了诗歌写作的新天地，他也因此被称为“古今隐逸诗人之宗”。

田园诗人的种田生活

东晋时期，选择归隐田园的人不少，但大多数人只在乡间置一间宅子隐居，并不耕作。陶渊明很不一样，他亲自务农，过着真正的农耕生活。

陶渊明第一次退隐是他三十九岁时，夫妻二人一起“开荒南野际”，度过了一段悠闲的田园时光。

可惜这份快乐十分短暂，他很快就发现靠种田养不活家人。他在

高分句子铺

文夫志四海，我愿不知老。——[晋]陶渊明《杂诗十二首·其四》

盛年不重来，一日难再晨。——[晋]陶渊明《杂诗十二首·其一》

死去何所道，托体同山阿。——[晋]陶渊明《挽歌歌词三首·其三》

纵浪大化中，不喜亦不惧。——[晋]陶渊明《神释》

奇文共欣赏，疑义相与析。——[晋]陶渊明《移居二首》

《归去来兮辞》中自述：“余家贫，耕植不足以自给。”生活艰辛，他只得外出求官，在经历了彭泽令“不为五斗米折腰”事件之后，他对官场彻底失望，再次隐居，时年四十一岁。

归隐初期，陶渊明作《归园田居》，一边赞叹“暧暧远人村，依依墟里烟。狗吠深巷中，鸡鸣桑树颠”的田园乐趣，一边写自己的躬耕经历，“种豆南山下”，日日“晨兴理荒秽，带月荷锄归”，天还未亮就下田耕作，直到天黑才肯回家。

陶渊明田地宽裕，但也没能过上衣食无忧的日子，然而这种闲适仍是陶渊明的大爱。可惜四十四岁那年他遭遇一场横祸，他归隐后的“方宅十余亩，草屋八九间”被大火烧光，全家人只能寄居在船上，靠他人接济维持生活。基本生活都难以维持，子女们怎么可能接受好的教育？他的五个儿子跟着一无所有的父亲备尝生活的艰辛。他在《与子俨等疏》中写道：“汝辈稚小家贫，每役柴水之劳，何时可免？念之在心，若何可言。”对此，他很内疚。

“人生归有道，衣食固其端”，陶渊明不是懒惰之人，一直努力种田养家。如果他想走“终南捷径”来博取功名，何须忍受贫困这么多年？

即便生活已近绝境，他仍保持自己的傲骨。陶渊明晚年更名为“潜”，取“潜龙勿用”之意，以此明志。元嘉四年（427 年），陶渊明六十三岁（一说五十六岁）时淡然离世。

作为一家之主，他对家人有愧；作为靖节先生，他对自己无悔。

热考微阅读

终南山与南山如何区分

终南山位于陕西省境内的秦岭中部，也叫周南山，因处于上古时期周文化的发祥地岐山之南的周原而得名，后来人们取其谐音，读作“终南山”。

终南山自古以来就受到道教文化的推崇。据说老子西游，在函谷关碰到关令尹喜，尹喜将他奉养在此，老子便留下五千言，即《道德经》。正因如此，道教将此地视为“洞天之冠”“天下第一福地”。也正因如此，终南山自古以来就是修道养生之人修炼的福地，许多名人、隐者、道士曾在此地修炼隐居。而隐居终南山，也成为扩大自身名气的一条捷径。唐代有一个叫卢藏用的人想要入朝做官，但苦于没有捷径，于是就在终南山隐居，果然一下子声名大噪，于是顺利地进入仕途，后来人们就以“终南捷径”这个成语讽刺那些寻求捷径获取名利的人。

因终南山也被称为“南山”，人们常将陶渊明诗句“采菊东篱下，悠然见南山”里的“南山”视为终南山。实际上陶渊明隐居江州（今江西九江），与终南山一点儿关系都没有，其诗中的南山并没有明确指向是哪座山，可能就只是南边的山而已。

王维：在唐朝，他的名气远在李白之上

送元二使安西

［唐］王　维

渭城朝雨浥轻尘，客舍青青柳色新。

劝君更尽一杯酒，西出阳关无故人。

真题面对面

【2020年甘肃敦煌中考试题】

王维的这首诗由于写出了人们深情惜别的普遍感受，后来被编入乐府，成为离筵上反复吟唱的歌曲《阳关三叠》。有评者认为，这首诗中的“朝雨”扮演了一个重要角色，为什么这样说？

提分知识点

这是一首送别诗，是王维送一位名叫元二的好友出使安西（指唐代安西都护府，治所在龟兹城，今属新疆库车）时所作。简单明了的诗句，饱含着诗人无限的离别之苦，而“劝君更尽一杯酒，西出阳关无故人”也成为反复吟唱的名句。后来人们将此诗入曲，配乐演唱时要一唱三叹，把这种离愁别绪抒发到极致，因此这首诗的乐曲名被称为《阳关三叠》。

硬核金素材

人物干货

王维，字摩诘，号摩诘居士，河东蒲州（今属山西运城）人，唐朝著名诗人、画家。

“虚左以迎”

有人说，李白是天才，杜甫是地才，王维是人才。王维在生前及死后均享有盛名，唐代宗更是尊其为“天下文宗”。其实王维是全才，他不仅是公认的“诗佛”，还是文人画的“南山之宗”。苏东坡曾说，“观摩诘之画，画中有诗”，钱锺书称他为“盛唐画坛第一把交椅”。王维还精通音律，有人得到一幅《按乐图》，但不知奏的是什么音乐，王维见后马上指出：“这是《霓裳羽衣曲》的第三叠第一拍。”找来乐工一问，果然如此。

王维字摩诘，名与字合在一起，就是维摩诘。维摩诘是著名的在家菩萨，以洁净著称。为什么取这样的名与字呢？因为王维的母亲是虔诚的佛教徒，受母亲影响，王维也跟着信奉佛教，不食荤腥，经常在家焚香诵禅。

十五岁，王维来到长安（今陕西西安），入国子监攻读，其诗歌在那时便享有盛名。十七岁，他就写出了“独在异乡为异客，每逢佳节倍思亲”的佳句。皇族诸王都爱好文艺，史书上记载他们对待王维是“虚左以迎”，把最好的位置给他留着，足见对他的尊敬。

王维三十一岁时，他的妻子崔氏死了。他终身未续弦，三十年禁肉食，可见其对妻子用情之深。

王维少年得志、才华横溢，可这样一个生于钟鸣鼎食之家，官至右丞相的人，却过着平民般简朴的生活。面对世事沉浮，王维早已在吃斋念佛中静心除欲。也正因如此，王维清新自然、禅味无痕、淡逸超脱的诗风将陶渊明、谢灵运开启的山水田园诗又向前推进了一步。

智斗安禄山

安史之乱爆发后，叛军攻陷长安，安禄山关押了一批名人，逼迫他们投诚，王维也在被关押之列。面对叛军，王维有如秀才遇上兵，无力正面反抗，便暗中服药让自己生病，饶是如此，仍没有逃脱安禄山的掌控。不过的确有成功逃脱之人，比如杜甫，可能是因为杜甫在当时的名气不及其他名人，所以有机会逃出去。而王维的诗才、画才和音乐之才声名远播，连安禄山都“素怜之”，可谓焦点人物，出逃难上加难，最终被迫出任伪职。

战乱平定后，奖惩自然成为唐王朝的第一要务。参与平定的有功

王维是山水田园诗派的重要代表人物之一

之臣，要奖；身陷伪朝的官员，要罚。曾出任伪职的王维却得到了赦免，其中固然有其弟王缙自请削官以为兄赎罪的因素，更多的则是因为王维在“安史之乱”期间作的一首《凝碧池》，诗云：“万户伤心生野烟，百官何日再朝天？秋槐花落空宫里，凝碧池头奏管弦。”其中，“百官何日再朝天”明确地表达了自己的忠贞和不屈的气节，得到唐肃宗的赞赏。

那时，王维已经接近暮年，任太子中允不久，又迁太子中庶子。上元元年，即公元 760 年夏天，年近六旬的王维转为尚书右丞。这是他一生中所任的最高官职，也是他最后所任之职，担任此职一年多之后，王维便去世了，“王右丞”这一称呼就源于此。

不识时务，“讥讽”陶渊明

王维曾经“讥讽”过陶渊明，“吐槽”的点是广为传颂的名句“不为五斗米折腰”。

高分句子铺

深林人不知，明月来相照。——[唐]王维《竹里馆》

行到水穷处，坐看云起时。——[唐]王维《终南别业》

人闲桂花落，夜静春山空。——[唐]王维《鸟鸣涧》

谁怜越女颜如玉，贫贱江头自浣纱。——[唐]王维《洛阳女儿行》

晚年，王维在写给友人的《与魏居士书》中，对陶渊明进行了一番讽刺：“近有陶潜，不肯把板屈腰见督邮，解印绶弃官去。后贫，《乞食》诗云‘叩门拙言词’，是屡乞而多惭也。尝一见督邮，安食公田数顷。一惭之不忍，而终身惭乎？此亦人我攻中，忘大守小，不知其后之累也。”意思是说陶渊明不识时务，徒然秉持着“不为五斗米折腰”的气节，却最终沦落到“乞食”的地步，早知今日，何必当初？不如退让一步，做些牺牲，稳坐官位，才是更好的保全自己的方法。

《与魏居士书》的中“魏居士”是谁？魏居士，是唐初名臣魏征的后人，日子过得贫苦窘迫，王维便用自己的处世观来劝他出仕，一来怜惜他是名臣之后，二来有举荐贤才、忠君报恩之意。本意并非否定陶渊明，而是借由陶渊明的事例劝慰魏居士出仕自救。

王维与陶渊明，都有一片“桃花源”。“误入尘网中”的是陶渊明，他的“桃花源”是自己。王维也偏爱“人闲桂花落，夜静春山空”的隐，可他真正偏爱的是“佛”，圆融的处世观中包含的是“济世”，于他而言，“官或隐”不是桃源必由之路，“布施仁义”才是更好的选择。

热考微阅读

古代“乐圣”李龟年

李龟年有“乐圣”之称，他是一位空前绝后的歌唱家，精通各类乐器，擅吹筚篥（bìlì），擅奏羯鼓，会作词曲。

当年，李龟年、李彭年、李鹤年三兄弟大势成团，他们的原创代表作《渭川曲》，“一曲城南，一抹旧事”，在当时的都城长安反响极大，收获了一大批粉丝，成为当时的“顶级流量明星”。王维也是他们的小迷弟，还写过《相思》一诗赠予他们。

唐玄宗李隆基是一位精通音律、热爱歌舞的风流天子，虽然李隆基和李龟年两个人的身份有着天壤之别，但因为音乐，二人成为惺惺相惜的知音。唐玄宗酷爱羯鼓，他听闻李龟年十分擅长敲打羯鼓，就特地找他来比试一番。李龟年深受唐玄宗的恩宠，从而红遍了整个上流社会，贵族豪门争相邀请李家兄弟表演。

安史之乱后，唐宫中的乐人四处逃散，流落异乡。李龟年也流落湖南，昔日闻名大内的音乐家处境凄凉，以卖场糊口。他对王维的诗有偏爱，最爱唱的除了那首《相思》，还有《伊州歌》：“清风明月苦相思，荡子从戎十载余。征人去日殷勤嘱，归雁来时数附书。”在一次宴会上，李龟年唱了这两首诗，歌罢昏厥，几天后醒来，终郁郁而死。

朱熹：理学集大成者，也热爱科学

春　日

［宋］朱　熹

胜日寻芳泗水滨，无边光景一时新。

等闲识得东风面，万紫千红总是春。

真题面对面

【2022年江苏南京中考模拟试题】

宋诗重在说理，请谈谈《春日》这首诗给你的人生启示。

提分知识点

孔子是春秋时期鲁国人。“出生在泗水，出名在曲阜，工作在汶上”，这句话生动地道出了孔子的人生轨迹。朱熹诗中的“泗水滨”暗指孔子在洙泗书院讲学。此地在宋室南渡时被金人侵占。朱熹未曾北上，当然不可能在泗水之滨游春吟赏。泗河水源，在一定程度上称为“圣源”，孔子曾经逆流而上，寻找泗河的源头。据说孔子是在泗河源头收留了弟子子路。

硬核金素材

人物干货

朱熹，字元晦，又字仲晦，号晦庵，晚称晦翁，谥文，世称朱文公，南宋著名理学家、思想家、哲学家、教育家、诗人，闽学派代表人物。

朱熹是宋代理学家的代表，还是一位对宇宙充满好奇，并保持着终生思考的天文学家。

童年时期，朱熹就一直在思考“天地四边之外，是什么物事”。这促使他一直在尝试对一些天文学问题（如宇宙的起源）做出自己的解释。后来他遇到《梦溪笔谈》，彻底被这本书打动。

《梦溪笔谈》由北宋政治家、科学家沈括（1031—1095）所撰，是一部涉及古代中国自然科学、工艺技术及社会历史现象的综合性笔记体著作，英国科学史家李约瑟评价它为“中国科学史上的里程碑”。《梦溪笔谈》内容涉及天文、数学、物理、化学、生物等学科，其价值非凡，在宋代堪称一部内容翔实的百科全书。

朱熹对这本书爱不释手，不仅把这本书背得滚瓜烂熟，而且在与朋友、弟子的谈话中，多次提到《梦溪笔谈》，并且无数次引用《梦溪笔谈》。

李约瑟对朱熹在自然科学方面的工作和成就相当肯定，他说：“朱熹是一个深入观察各种自然现象的自然学家。”他对朱熹在解释雪花何以呈六角形时将雪花与太阴玄精石进行比较予以高度评价，称之“预示了后来播云技术的发展”。李约瑟还认为“朱熹是第一个辨认出化石的人”，比西方早了四百多年。

读完《孟子》，立志要当圣人

朱熹出身儒学世家，父亲是朱松。朱松在朱熹出生之前曾去卜算前程，算命先生这样回复：“你啊，不论贫富也就这样了，但是你的儿子堪比孔子。”次年，朱熹出生的前一天，家门前的两座大山起火，反而呈现祥瑞之兆，朱松便给他取名熹，取其喜火之意。

其实，朱熹能有如此成就，得益于其强烈的求知欲，凡事都要一探究竟。他小时候就很聪明，他的父亲指着天空让他认识，他反倒问父亲天上有什么东西。

除此之外，朱熹深受父亲的影响。朱松是在二程理学思想的教育下成长的，因此，朱松从朱熹小时候起就按照儒家圣贤的言行严格要求他。

史书中记载，朱熹十岁的时候就开始大量阅读圣贤的代表著作，更是如痴如醉阅读《大学》《中庸》《论语》《孟子》等书籍。大量的阅读，让朱熹开阔了眼界，增长了知识，同时明确了人生目标。他长

少年易老学难成，一寸光阴不可轻——朱熹《偶成》诗

大之后，回忆起自己初读《孟子》的感受，觉得圣人的思想和他的思想是一致的，仿佛知己一般，自此，他便立志成为圣人。后来，他也教育学生以圣人为目标。

朱熹与辛弃疾的友谊

辛弃疾与朱熹，两人相差十岁，一个性情豪放，一个克己复礼，不过这并不妨碍他们成为莫逆之交。在辛弃疾眼里，朱熹有“帝王师”之才。朱熹也常常对自己的学生说：“辛幼安是个人才。”

辛弃疾和朱熹都有过赈济灾荒的经历，在赈灾实践中，两个人互相学习、彼此借鉴，制定了强有力的赈灾方针，取得了不错的成绩。两人相处期间，还有过一段有趣的小插曲。辛弃疾在江西任安抚使时，用挂着江西安抚牌子的船运送牛皮，船身遮蔽很严，守船的人却不多，时任南康知军的朱熹搜检之后当即拘没入官。辛弃疾听闻立马给朱熹写信说牛皮不是私运而是军中收买，方解除误会，但这并未影响两人之间的友谊。

后来，朱熹遭人排挤，被列为“伪学逆党”，去世时甚至无人敢来送葬。当时天下“谈朱色变”，朱熹门生为了避免祸端，甚至公开

高分句子铺

人之进学在于思，思则能知是与非。

——[宋] 朱熹《训蒙绝句·九思》

问渠那得清如许？为有源头活水来。

——[宋] 朱熹《观书有感·其一》

循序而渐进，熟读而精思可也。——[宋] 朱熹《读书之要》

表示与朱熹脱离关系，故而朱熹门前冷清，“门生故旧至无送葬者”。但辛弃疾毫不避嫌，作祭文赞朱熹“垂万世名”，并亲自前去凭吊。

热考微阅读

为何宋代人爱写哲理诗

诗歌发展到唐代达到顶峰，但并不意味着此后诗歌艺术就完全衰落下去了。相反，此后历朝历代直到近现代，诗歌都呈现出新的发展趋势，显示了这一文学艺术的强大生命力。

人们通常认为，唐代诗歌偏重于写情，宋代诗歌偏重于说理。确实如此，唐人诗歌大多写人的情感状态，或悲或喜；而宋人诗歌大多写日常生活及蕴含的道理。唐宋诗歌呈现极大的不同，出现这一状况的原因，可以归结为以下两点：

第一，宋代出现了更加便于抒情的文学体裁——词。词较之于诗，形式更加灵活多样，文字也更加细腻婉转，不仅写作难度大大降低，而且所抒发情感的强度大大提高。在抒情方面，诗歌就相形见绌。

第二，宋代文坛的整体思想趋于道学化，即认为文学写作应该寄寓深刻，不能只停留在对私人情感的反复言说上。在这一思想的影响下，包括苏轼在内的宋代文人的诗歌都呈现出与唐人诗歌不同的面貌。

宋代的哲理诗中，最出名的应数苏轼的《题西林壁》。此外，还有杨万里的《过松源晨炊漆公店》：“莫言下岭便无难，赚得行人错喜欢。政入万山围子里，一山放出一山拦。”该诗语言诙谐，寓意深刻，也广为流传。而这样的诗歌，在宋代是比较常见的。

王安石：集众多称号于一身的硬核人物

泊船瓜洲

［宋］王安石

京口瓜洲一水间，钟山只隔数重山。

春风又绿江南岸，明月何时照我还。

真题面对面

【2022年湖南长沙高三联考试题】

材料作文

司马光和王安石是政敌，政治上彼此痛下杀手。王安石执政，皇帝让他评价司马光，他称司马光为“国之栋梁”，对其人品、能力、文学造诣都大加赞扬。王安石被罢黜，皇帝欲治其罪，征求司马光的意见，司马光说王安石疾恶如仇、坦荡忠诚，有古君子之风，劝皇帝勿信谗言。

请从“求同存异、和而不同才是真君子”“君子之争不相倾，相互欣赏、彼此尊重”“有一种对手叫君子”三个观点中选其一，写一篇文章。

提分知识点

王安石是临川（今江西临川）人，于景祐四年（1037 年）随父王益定居江宁（今江苏南京），从此江宁便成了他的第二故乡。神宗熙宁三年（1070 年），王安石被任命为同平章事（宰相），开始推行变法。后来，由于保守派反对，他几次辞职回乡。《泊船瓜洲》是诗人第二次进京拜相途中所作，时间约在熙宁八年（1075 年）二月。

硬核金素材

人物干货

王安石，字介甫，号半山，北宋著名思想家、政治家、文学家、改革家。

大诗人的小怪癖

《宋史·王安石传》中说：“（王安石）性不好华腴，自奉至俭，或衣垢不浣，面垢不洗。”意思是说王安石极为清廉朴素，不喜欢华美的衣食，衣服脏了还继续穿，脸脏了也不洗。同时期的苏洵说王安石“衣臣虏之衣，食犬彘之食，囚首丧面而谈诗书”。

王安石，这位集思想家、政治家、文学家、改革家等众多称号于一身的北宋名相，生活中竟然是一个不修边幅的人。

除了不讲卫生，王安石对饮食也不怎么讲究，去朋友家做客只吃离自己最近的菜，丝毫不愿意为了吃而多费力气。王安石此般生活习惯，自然是敌人厌、朋友劝，可他并不太在意。那么，不爱穿着、不爱吃喝、不爱洗漱的王安石，他的业余时间都去哪儿了呢？

答案是读书。王安石常常看书到深夜，并著书立说。才华横溢的他，被后人列为“唐宋八大家”之一，有《王临川集》《临川集拾遗》等作品流传后世。

“拗相公”

王安石是当时最著名的政治家和改革家。他曾经两次为相，主持开展了著名的变法运动，史称“王安石变法”。王安石变法发生在宋神宗时期，旨在改变北宋建立以来积贫积弱的局面。变法自熙宁二年（1069 年）开始，至元丰八年（1085 年）宋神宗去世结束，故亦称熙宁变法、熙丰变法。

王安石主持开展变法的本意是好的，为了解决当时国家财政收入不足、军队战斗力不强、老百姓负担过重等问题，他提出了一系列行之有效的改革措施。但他所依靠的推行变法的人缺乏远见、贪污腐败，使得变法难以彻底推行，而且王安石的名声越来越坏，到最后，变法甚至加重了百姓的负担。很多人对王安石非常不满，因为王安石性格执拗，所以人们给他起了一个外号——“拗相公”来讽刺他。

在强烈反对变法的保守派人物里，最著名的就是司马光。王安石当权变法期间，司马光遭到罢免，回乡编写了《资治通鉴》，后来王安石倒台，他重新当政，将王安石所推行的各项政策一一废除。因此，原本支持司马光的人如范纯仁、苏轼、苏辙也都开始反对他，苏轼甚至给他起了一个外号——“司马牛”，意思是说这个人固执如牛。

11 世纪的改革家王安石，是中国历史上的杰出人物

在变法派和保守派的反复斗争与内讧之中，北宋的国力虚耗殆尽，最终发生了导致北宋灭亡的“靖康之变”。这启示我们，任何时候做任何事，找准方向坚持下去是正确的做法，但也要时刻注意听取他人的意见和建议，所谓“当局者迷，旁观者清”“海纳百川，有容乃大”，只有这样，才能使自身理想一步步实现。

政见不合，又惺惺相惜

苏轼与王安石是历史上一对有名的“冤家”，两人的恩怨情仇远在王安石变法之前，也绝不止于乌台诗案之后。

早在苏东坡参加科举时，王安石就在众多考官中独独给了苏轼的文章一个差评。后苏轼为官，极力反对王安石新法，两人见面也时常相互贬低、相互讽刺，苏轼经历的乌台诗案也是拜王安石所赐。

王安石看不惯苏轼是真，欣赏苏轼也是真。在乌台诗案刚发生时，平日与苏轼交好的朋友都噤若寒蝉，反倒是“敌人”身份的王安石站出来说话，冒险向皇帝上书：“安有盛世而杀才士乎？”皇帝对王安石很敬重，看罢信，思虑再三，觉得老宰相说得很有道理，便下旨释放苏轼，但将其贬为黄州团练副使。即便是政见不一的“对头”，在危急关头，王安石还是为苏轼求了情，使之化险为夷，这种正直的品质和博大胸襟，赢得了苏轼对他的敬重与佩服，也留下了一段“安石一言救东坡”的文坛佳话。

元丰七年（1084 年）七月，苏轼在离开黄州奉召赴汝州就任的途中，路过南京，便专门拜访了当时隐居在南京半山园的王安石。那时的王安石已从丞相的官位上辞职，新法也以失败告终。王安石曾经在南京出任江宁知府，他从丞相的官位上辞职之后，又回到了南京，在半山园建了宅子，隐居于此。据朱弁《曲洧旧闻》载，风尘仆仆的苏轼顾不上戴帽子便去拜访王安石，还打趣王安石“相公门下用轼不着”。之后的一段日子里，苏轼与王安石在南京一同游山玩水，俨然一对久别重逢的挚友。

在此次南京分别四个月后，苏轼还在为王安石写诗：“劝我试求三亩宅，从公已觉十年迟。”王安石亦对人夸赞苏轼：“不知更几百年，方有此人物！”

针锋相对，相爱相杀，至此，苏轼与王安石究竟是敌是友，似乎已没有那么重要了。或许没人比苏轼更懂得王安石，也或许没有人比王安石更欣赏苏轼。

高分句子铺

世之奇伟、瑰怪、非常之观，常在于险远，而人之所罕至焉，故非有志者不能至也。——[宋]王安石《游褒禅山记》

不畏浮云遮望眼，自缘身在最高层。——[宋]王安石《登飞来峰》

看似寻常最奇崛，成如容易却艰辛。

——[宋]王安石《题张司业诗》

遥知不是雪，为有暗香来。——[宋]王安石《梅花》

热考微阅读

爱在头上戴朵花儿的宋代男人

中国古代最出名的小说之一《水浒传》中，梁山泊的英雄好汉们都爱在头上戴朵花儿。这其中，不仅有被称作“一枝花”的蔡庆，浪子燕青也是“腰间斜插名人扇，鬓畔常簪四季花”，阮小五鬓边插石榴花，杨雄则爱插翠芙蓉，不仅头领们，就连小喽啰们也“头巾边乱插着野花”。这些人都是魁梧雄壮的汉子，但都头戴鲜花，以今天的审美看，真有点儿滑稽。

但在当时，这一社会风气是普遍存在的，就连皇帝、宰相都不能免俗。诗人杨万里写过一首诗：“春色何须羯鼓催，君王元日领春回。牡丹芍药蔷薇朵，都向千官帽上开。”写的就是春天皇帝头上戴着牡丹、芍药、蔷薇等各色花朵的场景。因为皇帝的参与和推崇，戴花甚至上升为一项礼仪制度，在什么样的场合、什么人戴什么花儿都有严格的规定。我们可以想象一下，要是穿越到宋朝，那可真是置身于花的海洋呢。

宋朝人戴花，受到社会和时代因素的影响。宋时，国家经济繁荣，社会风气宽松，人们推崇自由浪漫的生活，人人都追求美并享受美，所以戴花成为一种普遍的社会风气。

苏轼：惊艳古今的有趣灵魂

记承天寺夜游

［宋］苏　轼

元丰六年十月十二日夜，解衣欲睡，月色入户，欣然起行。念无与为乐者，遂至承天寺寻张怀民。怀民亦未寝，相与步于中庭。庭下如积水空明，水中藻、荇交横，盖竹柏影也。何夜无月？何处无竹柏？但少闲人如吾两人者耳。

真题面对面

【2022年广西贺州中考试题】

《记承天寺夜游》《前赤壁赋》都是苏轼写于贬官黄州时期的作品，两文都表现了作者怎样的人生态度？请结合生活实际谈谈你从中得到的启示。

提分知识点

《记承天寺夜游》中，苏轼用八十五个字记叙了一次乘兴夜游。

这篇文章多次入选中学语文教材，成为必背古文。

苏轼之所以能入选“唐宋八大家”，并不是因为他的诗与词，而是源于他的文章。“唐宋八大家”又称为“唐宋散文八大家”，是唐代和宋代八位散文家（唐代韩愈、柳宗元和宋代欧阳修、苏洵、苏轼、苏辙、王安石、曾巩）的合称。他们的一个共同特点就是，提倡散文，反对骈文，对当时和后世的文坛产生了深远的影响。

硬核金素材

人物干货

苏轼，字子瞻，号东坡居士，北宋著名文学家、书画家。

苏轼有一个有趣的灵魂，这是毋庸置疑的，无论是做官做事，还是吟诗作文，他都表现出一种难能可贵的有趣，让我们感受到“心灵的快乐”。

一人多面

苏轼是一个拥有生活之趣的人，他研究出“慢著火，少著水，火候足时它自美”的秘制东坡肉（东坡肘子）；他学“一日小沸鱼吐沫，二日眩转清光活，三日开瓮香满城”的酿酒；他像个老顽童似的与挚友佛印坐禅神侃；他像个调皮鬼似的与苏小妹嬉笑嗔骂、和谐相处……他是一个拥有生命之趣的人。感慨时光匆匆，白云苍狗，他写下“谁道人生无再少，君看流水尚能西！休将白发唱黄鸡”。面对人生无常，他写下“酒酣胸胆尚开张，鬓微霜，又何妨？持节云中，何日遣冯唐？会挽雕弓如满月，西北望，射天狼”。

他是一个拥有无趣之趣的人。做官无趣，但苏轼能做出趣味来。当时，他任杭州通判，深入民间，体察民情，倾听民意，为民排忧。他素衣青帽，亲自带领众人在西湖边勘察，重新疏通“钱塘六井”，为百姓排除水患，百姓无不为苏通判叫好。

苏轼是非常多面的，是古往今来备受文人推崇的理想典范。宠辱不惊，花开花落，他似乎活出了超然洒脱的宇宙高度。他的诗文是宋朝第一，他的书法也是宋朝第一。

宋代最著名的四大书法家，“苏黄米蔡”，首位就是苏东坡。苏轼的书法，后世评价甚高。黄庭坚在《山谷题跋》里说，“本朝善书者，自当推（苏）为第一”。

苏轼自称“我书意造本无法，点画信手烦推求”“自出新意，不践古人”。这是苏轼书法超然的原因之一。此外，书法作品与书法家的学识、经历、个性等不无关系。丰富的生活阅历、深厚的学识修养、独到的思想见解以及强烈的艺术个性，使得苏轼的作品流露出浓厚的意趣和韵味。

黄庭坚称苏轼：“早年用笔精到，不及老大渐近自然。”意思是苏轼年轻时写的字虽然精致完美，但还是比不上他年老时的书法，因为苏轼年老时的书法渐渐接近自然，不做作。

苏轼的存世作品有《赤壁赋》《黄州寒食诗》和《祭黄几道文》等帖，皆是精品。

北宋“第一段子手”

苏轼爱写日记，在自己的日记杂文《东坡志林》中，他多次提到韩愈的命宫为摩羯座，自己的命宫也为摩羯座。所以他和韩愈一样，生平经常被人诋毁，这可能是摩羯座史上最高端的自黑。

苏东坡堪称北宋第一段子手，生平段子无数。乌台诗案之后，苏轼被一贬再贬，那时他手头是真紧。被贬黄州之时，居然还有个叫马梦得的人大老远跑来追随他。说来这个马梦得也是个奇人，穷到可能家徒四壁，还不忘追星。在《东坡志林》中，苏轼这样描述这个人，大意是：我和马梦得同年同月生，但他比我小八天。据我观察，这年出生的都是穷人。我和梦得是穷人中的穷人。相较而言，马梦得穷得更胜一筹。

苏轼还是成语的高产者，我们很多耳熟能详的成语都出自他的诗词，他足足创造出“胸有成竹”“河东狮吼”“聪明反被聪明误”等三十多个成语。除了用“生命”创造了三十四个成语的韩信，苏轼这般造成语的能力，在中国历史上那是无人能及了，堪称“成语生产机”。

舌尖上的吃货

苏轼的“爱吃”，可谓有史有据。苏轼的“爱吃”可以说吃出了名堂，也吃出了成就。

苏轼一生几次被征派调遣，每到一处新地方就任，一些新美食也就随之诞生。被贬到岭南，无意间发现了荔枝的美味，随后视荔枝为最爱，“日啖荔枝三百颗，不辞长作岭南人”，险些到了把岭南荔枝树吃秃的地步。就连被贬至当时海南那样的荒凉之地，苏轼都能找到新奇的东西来吃。

苏轼自称老饕，意为贪吃者。有别于一般的吃货，苏东坡不仅会吃，还会做。林语堂曾说：“苏东坡自己善于做菜，也乐意自己做菜吃，他太太一定颇为高兴。”苏轼有很多的诗词书稿，写的就是关于自己研究美食的文章，例如《菜羹赋》《豆粥》以及著名的《老饕赋》等。

东坡豆腐、东坡肘子、东坡酥、东坡饼……苏轼之“爱吃”果然名不虚传，毕竟能以自己的名字命名美食，也可以说是“吃货”的一大荣幸了。

高分句子铺

犯其至难而图其至远。——[宋]苏轼《思治论》

腹有诗书气自华。——[宋]苏轼《和董传留别》

博观而约取，厚积而薄发。——[宋]苏轼《稼说·送张琥》

一年好景君须记，最是橙黄橘绿时。——[宋]苏轼《赠刘景文》

巧建洪水系统

苏轼是宋代的政治家、大书法家、美食家、大诗人，他还有另一个身份——一名充满奇思妙想的工程师。

北宋绍圣年间，新党执政，苏轼被贬至岭南惠州。他听人说起广州城缺乏饮用水，恰好知广州的王敏仲是他朋友，便给王知州写信，提出一个解决饮水难的方案：蒲涧山（白云山）有泉，可在“岩下作大石槽，以五管大竹续处，以麻缠之，漆涂之，随地高下，直入城中。又为一大石槽以受之，又以五管分引，散流城中，为小石槽以便汲者”。王敏仲根据苏轼的提议与设计，真的将这个供水系统建了起来。苏轼又向他提了一个更细致的建议：“每竿上，须钻一小眼，如绿豆大，以小竹针窒之。”为什么要在每根竹管上钻一个小孔，然后又塞住？是为了方便日后检查哪一根竹管堵塞。有了这些小孔，发现水管堵塞之后，只要拔掉各节小孔的小竹针，看哪处小孔不出水，便可马上判断是哪一节竹管堵住，更换那根竹管就行了，不会累及整个供水系统。

凭着广州城“自来水工程”的设计者身份，苏轼便可当之无愧地被称为工程师。林语堂先生著《苏东坡传》，称“苏东坡是个秉性难改的乐天派，是悲天悯人的道德家，是黎民百姓的好朋友，是散文作家，是新派的画家，是伟大的书法家，是酿酒的实验者，是工程师……”

热考微阅读

学霸苏东坡的读书方法

苏东坡是个全才，不仅样样懂，而且样样精。论写散文，他是“唐宋八大家”之一，是宋代散文最高成就的代表；论写诗，他“天生健笔一枝”“继李、杜后为一大家也”，是宋诗最高成就的代表；论写词，他开豪放一派，是两宋词风转变的关键人物。

当时，向苏东坡请教读书方法的人非常多。而苏东坡的读书方法放到现代仍然具有指导意义，其中“八面受敌法”最为著名，主要有以下几点：首先，好书不厌百回读；其次，“八面”即一本书所涵盖的各个方面，每遍只攻读一个方面；最后，就是长期坚持。苏东坡强调，此法看似愚钝，一旦学成，即便八面受敌，也可游刃有余。

苏东坡还抄书，曾抄写过三遍《汉书》。有一次，一位朋友来拜访苏东坡，看他正在抄书，朋友非常惊讶：“像您这样的才高之人，读书定过目不忘，为什么还抄书呢？”苏东坡便分享了自己手抄《汉书》的小秘诀：第一遍每段只抄三个字，第二遍每段只抄两个字，第三遍每段只抄一个字。朋友听后当即指出一字，苏东坡果然能根据这个字背出来相关的几百字。朋友佩服之余，不无感慨：才高如苏东坡，仍然那么努力，才能一般的人怎么能不勤奋读书呢？

苏东坡可谓古代版“比你优秀的人还比你努力”。的确，做学问必须扎扎实实，不辞辛苦，最笨的方法其实就是最好的方法。

韩愈：不仅写过《师说》，还当过“大学校长”

早春呈水部张十八员外

［唐］韩　愈

天街小雨润如酥，草色遥看近却无。
最是一年春好处，绝胜烟柳满皇都。

真题面对面

【2022年北京朝阳初三二模试题】

同学们在复习春天主题的诗歌时发现，韩愈《早春呈水部张十八员外》中的“草色遥看近却无”，与白居易《钱塘湖春行》中的“浅草才能没马蹄”都传神地写出了早春小草的特点。你觉得是这样的吗？请说明你的理由。

提分知识点

此诗作于长庆三年（823年）的早春，韩愈时年五十六岁，官至吏部侍郎，是他一生中做得最大的官。此前不久，镇州（今河北正定）藩镇叛乱，韩愈奉命前往宣抚，平息了这场叛乱。穆宗非常高兴，将其提拔为吏部侍郎。此时韩愈在文学方面早已声名大振，复兴儒学事业也卓有成绩。因此当时虽年近花甲，他也能感受到春天的美好。

早春二月，春寒料峭。酥油般的小雨一下，沉睡一冬的大地悄然变化了。抬头向远处看去，居然一片绿油油的景象。那是早春时节，最早的绿芽破土而出，从远处望去，一片绿色景象是那样清新；当你走近后，又似乎消失了。“草色遥看近却无”源自诗人对早春敏锐的感知。最后两句是对早春景色的赞美，早春的小雨与草色是一年中最美的风景，远胜烟柳满城时的暮春时节。“遥看近却无”的景是早春特有的，它象征着大地春回、万象更新的生机，“烟柳满皇都”的暮春如何能与之相比呢？

“一切景语皆情语”，不仅景美，此诗也恰当地表现了作者此时愉悦的心情。

恰恰是这种来自春天的愉悦，使眼前的景物显得无比清新而生机盎然。朱彝尊在《批韩诗》中对此诗的评价是：“景绝妙，写得也绝妙。”清新自然的风格如同口语，看似信手拈来，实则颇费一番工夫。

硬核金素材

人物干货

韩愈，字退之，因家在昌黎，世称“韩昌黎”，中唐时期著名的哲学家、思想家、文学家。

写过不少有关教育的文章，当校长颇有声望

韩愈是“唐宋八大家”之首，是唐宋时期古文运动的有力倡导者和推动者，是文学家。但如果让韩愈自己评价，他应该会说自己首先是一个儒学家。

他发起古文运动，在唐代佛道两家盛行的情况之下倡导复兴儒学，所以他被后世的儒学家认为接续了孟子之后中断千年的儒家道统。

宋代的理学家们是这样看待韩愈的：“儒学的道统由尧舜至商汤王、周文王、周武王、周公传至孔子，孔子又传给自己的学生颜回、曾子到孔子的孙子子思，子思又传给孟子，孟子死后，就没有人传承了，中间有上千年的断绝，直到韩愈出世，道统重新得以传承。”可见韩愈对儒学发展发挥的关键作用。而韩愈的文章，更是体现出了这种儒学倾向。特别是《谏迎佛骨表》《进学解》《原道》《原性》等作品，既奠定了韩愈文坛宗主的地位，也树立了韩愈忧愤不平、慷慨严肃的道学形象。

在儒学中，一个非常重要的方面是关于教育的探讨，仅这一方面

韩愈就写了许多诗文。其中，《师说》是关于教师的重要文章。“师者，所以传道受业解惑也”一句成为后人讨论教师职责经常引用的名句。韩愈的许多观点，比如应该学习为人处世的道理，求师应该不分高低贵贱、不分年龄长幼，一律以对道理的理解和把握为标准，所展现的是非常具体而科学的学习观。《进学解》中的“业精于勤荒于嬉，行成于思毁于随”一句，更是古今勉励学子不断努力、积极进取的名言警句。

在教育方面，韩愈不仅写了大量文章，还亲身实践。他先后四次担任国子监祭酒，相当于国家最高学府的校长，亲自指导学生读书学习。韩愈做这些的最终目的是推广儒学、传承儒学，他的教育事业是与其儒学思想密不可分的。

酷爱旅游，多次遇险

韩愈不仅有“文起八代之衰”的美誉，还是痴狂的旅游爱好者。比如，“落英千尺堕，游丝百丈飘”[《次同冠峡（赴阳山作）》]，“悬流轰轰射水府，一泻百里翻云涛。漂船摆石万瓦裂，咫尺性命轻鸿毛”（《贞女峡》），“东西两际海，巨细难悉究。山经及地志，茫昧非受授”（《南山诗》）……他的诗文有很多都是写山水风景的，其中最广为人知的莫过于描写桂林山水的“江作青罗带，山如碧玉簪”一句。

可古代的名山大川穷奇险峻，大多数是有安全隐患的。有一次，

韩愈是语文教科书中的“常客”，“唐宋八大家”之首

他与友人游华山，登上华山绝峰饱览美景，准备返回时却找不到下山的路了。最终是山下的友人给附近的华阳县令写了一封求救信，在一帮衙差的帮助下才成功脱险。在当时的交通状况下，真不知道韩愈在山上待了多久才下山的。还有一次，他与好友去慈恩寺观赏，在佛塔顶时一不小心将身体冲到护栏之外，好在坠落过程中腰带被佛塔上伸出的建筑物挂住了，才幸免于难。虽然在旅游中惊险不断，但他依然喜欢游山玩水，也算得上是一位痴迷又疯狂的旅游爱好者了。

为朋友仗义执言

唐德宗贞元六年（790年），李贺在河南福昌（今河南宜阳西）出生，自小才华横溢，“七岁能辞章，名动京邑”。唐宪宗元和二年（807年），十八岁的李贺离开家乡，带着诗作来到洛阳拜访文坛前辈韩愈。仅“黑云压城城欲摧，甲光向日金鳞开”（《雁门太守行》）这开篇一句，韩愈就被李贺的文采吸引并立即招待了他，二人相谈甚欢。

二十一岁的李贺带着满腔抱负进京赶考，但当时的昏庸官员以李贺父亲李晋肃名字中的“晋”与进士的“进”同音犯讳，剥夺了他参加科举考试的资格。韩愈奋笔疾书，写下《讳辩》一文，为李贺仗义执言，但也敌不过当时官场的黑暗，就这样，李贺一直未能参加科举考试，从长安郁郁还乡。

一年后，韩愈推荐李贺到长安做奉礼郎。奉礼郎是一个从九品的卑微小官，官闲职冷。李贺一直有着弃笔从戎的愿望和为国效力的决

高分句子铺

李杜文章在，光焰万丈长。——[唐]韩愈《调张籍》

人生处万类，知识最为贤。——[唐]韩愈《谢自然诗》

取其一，不责其二；即其新，不究其旧。——[唐]韩愈《原毁》

心，即使是在担任奉礼郎的三年，李贺初心未变。但现实总是不尽如人意。元和八年（813 年），李贺拖着病体，带着无奈辞官回乡，在家休养了一段时间之后，在昌谷、洛阳、长安三地来回奔波，希望得到升迁的机会，但都无果而终。在二十七岁这一年，李贺带着壮志未酬的悲痛溘然长逝。

热考微阅读

太阳和天涯哪个更远

天涯是古人用来形容距离遥远的常见意象，往往与海角或地角相对，例如成语“天涯海角”，韩愈《祭十二郎文》中的“一在天之涯，一在地之角”。而太阳虽是人们每天都会见到的，但从没有人能登上去，所以人们难以知道离太阳的远近。古人也会思考这个问题，一个有趣的答案是天涯比太阳更远，因为太阳再远，人们一抬头总能看见，而天涯，人们无论如何寻觅总难以看到，因此说天涯比太阳更远。

与之类似的有趣问题就是两个儿童争辩早晨和中午的太阳哪个距人更近。一个认为早晨近，因为早晨太阳大如车盖，中午只像个盘子，那一定是大的近小的远了；一个认为中午近，因为早晨太阳清凉，中午则滚烫，自然是热的近凉的远了。关于这些问题的争论，并不一定必须找到一个正确的答案，却可以训练人们的逻辑思维能力，体现中华文化活泼的一面。

第二章

诗词故事会

杜甫：你不知道的是，他曾是个很狂的年轻人

望 岳

［唐］杜 甫

岱宗夫如何？齐鲁青未了。
造化钟神秀，阴阳割昏晓。
荡胸生层云，决眦入归鸟。
会当凌绝顶，一览众山小。

真题面对面

【2018年湖南郴州市中考试题】

青年杜甫曾过了一段“裘马轻狂”的漫游生活，其诗作也洋溢着一股蓬勃向上的青春朝气。请以“会当凌绝顶，一览众山小”为例进行赏析。

提分知识点

杜甫被后人尊为“诗圣”，他的诗歌多是写实的，对研究安史之乱后的民生有很大的参考价值。其实杜甫并非都是以悲苦的形象出现

在读者面前，他也有豪放的一面。

《望岳》中的“岱宗夫如何？齐鲁青未了”，用宏大物象营造出阔大超脱的境界，给人以大气磅礴、豪迈奔放之感。“会当凌绝顶，一览众山小”更是充满直入云霄的凌云壮志和俯视一切的雄心气概，其豪放之情在诗中自然流露，与李白的“飞流直下三千尺，疑是银河落九天”的豪放之感是不相上下的。

《望岳》作于杜甫落第而归后北游齐、赵的途中，虽然仕途略有不顺，但杜甫处于裘马轻狂的青年时期，自谓能立登要路、致君尧舜，泰山的雄浑景致又激发了他内心的豪情壮志，所以诗歌充满蓬勃向上的精神和豪迈的气概。

硬核金素材

人物干货

杜甫，字子美，自称少陵野老，唐代现实主义诗人，被誉为“诗圣”，著有《杜工部集》。

“诗圣”杜甫也落榜过

历史上曾出现过几次荒谬的科举考试，有的甚至是零录取。“诗圣”杜甫就曾在这样荒唐的考试中落榜。

唐天宝六载（747 年），玄宗下诏，为选拔人才开科取士。时年三十六岁的杜甫正好做客长安，听此消息，喜不自禁。不料，考试完毕，当时的主考官李林甫宣布无一人入选，其理由是“天下英才早被我们网罗光了，没漏掉一个”。玄宗听了很高兴。踌躇满志的杜甫做梦也没想到有这样的结果，极度失望。

出于生计考虑，他不得不以“宾客”身份穿梭于长安城达官贵人之间，过着寄人篱下的生活。汝阳王府、郑驸马府、韦丞相府都是杜甫经常游走的去处。这位名噪一时的大诗人时常陪着王公大臣们游山玩水，诗酒宴游。为博得达官贵人的高兴，他违心写诗奉迎；贵人们玩得不亦乐乎，他再写诗描绘一番。

这样的生活持续了九年。他在《奉赠韦左丞丈二十二韵》诗中写道：“朝扣富儿门，暮随肥马尘。残杯与冷炙，到处潜悲辛。”意思是，每天一大早就去敲富人家的门，每天晚上跟着人家的高头大马风尘仆仆地回来。得到的每一碗剩菜和剩饭，都饱含悲凉和辛苦。成语“残羹冷炙”就出自这里。

杜甫靠公文写作才能取得官位?

杜甫不仅有“诗圣”之称，而且在当时是公文高手，生前曾两次获得唐玄宗的肯定。

就杜甫做过的几个官职来看，多是靠公文赢得的。

天宝十载（751 年）正月，唐玄宗举行祭祀太清宫、太庙和天地的三大盛典。四十岁的杜甫抓住了这个机会，提前给天子预献《三大礼赋》，唐玄宗对他的才华大加赞赏，批示杜甫在集贤院“参列选序”等候分配。可惜因主试者是妒忌贤能的李林甫，最终杜甫没能得到一官半职。四十三岁的杜甫再次献赋请封西岳华山，玄宗对他的《进〈封西岳赋〉表》评价极高，此时李林甫已去世，杜甫终得获授人生第一官职——河西尉。“左拾遗”的官职是在安史之乱时唐肃宗赐的，虽一度燃起杜甫对仕途的激情，但他因给打了败仗的时任宰相房琯进谏求情，杜甫被贬充军。

广德二年（764 年）春，好友剑南西川节度使严武因对杜甫的公文赞不绝口，故表荐其为检校工部员外郎，后人因此又称杜甫为“杜工部”。由于在做严武参谋期间一直饱受幕僚排挤，不久杜甫便又坚决辞职为民，自此了断了“致君尧舜上”的为官梦。

“少陵野老”自曝爱哭？

不同于大唐其他诗人的风流无双，杜甫一生都是“强自宽”，后半段人生更是“哭”过来的。

他自称少陵野老，“少陵”是地名，而“野老”二字则是指年龄大了却一事无成，孤苦无依。这也构成了大多数人对杜甫的印象——

高分句子铺

露从今夜白，月是故乡明。——[唐]杜甫《月夜忆舍弟》

正是江南好风景，落花时节又逢君。

——[唐]杜甫《江南逢李龟年》

颠沛流离的狼狈老人形象。

而真正的杜甫到底是什么样的呢？其画像不一而足，溜肩矮小的官员，荷锄归来的老农，甚至是武行外形的老大爷。而流传甚广的倚石而望的杜甫画像，是现代画家蒋兆和比对着自己的脸创作的。杜甫外形如何，终是无可考的。

而循着杜甫的诗作去看，也能找到他的自画像。

杜甫一生坎坷，四十四岁时被授予了一个看守兵器库的小官职，上任不久，“入门闻号啕，幼子饥已卒”，家中幼子饿死了。四十五岁之后，他陆陆续续写下当时的身体状况：“白头搔更短，浑欲不胜簪”，白头；“君不见夔子之国杜陵翁，牙齿半落左耳聋”，耳聋落牙；“此身漂泊苦西东，右臂偏枯半耳聋”，右臂也抬不起来了；“春水船如天上坐，老年花似雾中看”，写到此处，杜甫已经五十九岁，双目也花了，也就是在这一年他不幸去世。

四十五岁到五十九岁，其间，因安史之乱民不聊生，杜甫做得最多的事情，就是哭。

“少陵野老吞声哭”也好，“日暮东临大江哭”也罢，与妻“双照泪痕干”等，杜甫哭的都不是自身，而是大时代的挫败与幻灭，流泪也只是让自己轻松一些，仿佛这世界也能轻松一些。直到他去世那年，他落笔处也是一个“哭”字，“途穷那免哭，身老不禁愁”。哭者形象的杜甫，与民同哭，这才是真实的他。

杜甫处在追星链的哪一环

从传世的史料和文学作品可以看出，偶像自古即有，追星不分古今。而古人追星的激情从典故“掷果盈车”便可见一斑。那么，在诗人辈出、气象恢宏的盛唐，“诗圣”杜甫在追星与被追星之间的处境如何呢?

杜甫的粉丝众多，后世尊崇杜甫的诗人中，行为最为夸张的非张籍莫属。为了能够学到杜诗的精髓，他呕心研习，甚至将杜甫的诗集烧成纸灰，加入蜂蜜搅拌，每天吃一点，认为如此方能写出好诗。

同时，杜甫也是一名粉丝，他的偶像便是李白。“白也诗无敌，飘然思不群”，在杜甫眼里，李白“无敌”。但是，李白最为敬重的人是孟浩然，“吾爱孟夫子，风流天下闻”。而孟浩然最为认可的知音是王维，他对王维说：“当路谁相假，知音世所稀。”

尽管孟浩然视王维为知音，可王维内心深处最为惦念和看重的好友是裴迪，“相忆今如此，相思深不深”可谓王维对裴迪真挚友情的动人表白了。

概言之，在以上几位大诗人的追星链条中，杜甫尊崇李白，李白尊崇孟浩然，孟浩然尊崇王维，王维尊崇裴迪。这看似有趣的追星链中，暗藏一个规律，往往那些拥有才华和人格魅力的人容易成为偶像，而充满正能量地追星也是一个不断完善自我的过程。

热考微阅读

“诗圣”力捧的三国名人

历史上有一位家喻户晓的三国名人，在“诗圣”杜甫心中地位最高。在杜甫看来，这个名人简直是“前无古人后无来者”，他就是三国时期蜀国名相诸葛亮。

翻开杜甫的咏史诗篇，出现频次最高的历史人物非诸葛亮莫属，专门咏赞诸葛亮的诗歌多达十几首。单从诗题便可以看出吟咏诸葛亮的就有好几首，如《蜀相》《武侯庙》《八阵图》《诸葛庙》等。

为什么杜甫如此钟爱咏赞诸葛亮呢？其中情感颇为复杂。首先，杜甫心怀壮志，却始终未得重用，他羡慕诸葛亮和刘备的君臣关系，一个重贤用能，一个鞠躬尽瘁，君臣相知、共谋大业，这是杜甫最为憧憬的局面。

其次，诸葛亮一生鞠躬尽瘁，死而后已，为匡复汉室呕心沥血，而杜甫所处的时代朝局不稳，家国衰微，权臣当道，诸葛亮便成为杜甫最为敬佩的忠贞之臣。但是，诸葛亮出师未捷，赍（jī）志以殁（mò），这样的结局使杜甫每每想起便扼腕叹息。

因为现实缺乏如诸葛亮般的贤良之臣，所以杜甫将诸葛亮的形象极尽美化，从“诸葛大名垂宇宙”“万古云霄一羽毛”“功盖三分国”等评语中可见杜甫对诸葛亮的无限推崇。

李白：是“诗圈顶流”，也是旅游博主

赠汪伦

［唐］李　白

李白乘舟将欲行，忽闻岸上踏歌声。

桃花潭水深千尺，不及汪伦送我情。

真题面对面

【2023年安徽休宁中考三模试题】

三年同窗生活，同学们结下了浓厚的同学之谊，纷纷用古诗文表达离情别意。

小安同学吟诵“__________，__________”，表达祝别之情（苏轼《水调歌头·明月几时有》）；小徽则吟诵“__________，__________”，表达伤别之情（李白《闻王昌龄左迁龙标遥有此寄》）；小省同学随即吟诵“__________，__________”，表达壮别之情（王勃《送杜少府之任蜀州》）；小毕同学又以“__________，__________”，表达惜别之情（李白《赠汪伦》）；小业同学最后用《出师表》中诸葛亮即将远离的肺腑之言“今当远离，__________，__________”抒发深沉告别之情。

提分知识点

这首诗是李白离开桃花潭时写给好友汪伦的。虽为赠别诗，却一扫赠别诗哀伤低迷之风，风格昂扬向上，语调活泼欢快，抒情真切动人，被后世经久传唱。

诗歌《赠汪伦》传颂千古，连带汪伦也成为妇孺皆知的名人。后人常说汪伦幸运，其实，这份幸运中也有汪伦主动争取的成分。这里就不得不说一说《赠汪伦》背后的趣事。

当时，李白正住在其南陵叔父李冰阳家，在他的行程规划中，原本没有桃花潭这个地方。而后游览桃花潭，竟是因为一封信。在唐代，李白可谓明星诗人，所到之处无人不知，何况李白叔父家距离泾县（今安徽宣城泾县）很近，住在泾县的汪伦一听到自己仰慕多年的大诗人来了，便激动不已，立马写了一封书信托人送给李白。

这封信写得很有吸引力，精准地抓住了李白喜游历和好饮酒的特点，信中说："先生好游乎？此地有十里桃花。先生好饮乎？此地有万家酒店。"李白一看，有美景可赏，有佳酿可品，真是一个好地方，便十分开心地赴约了。

就这样，汪伦见到了自己的偶像，可李白没有看到十里桃花和万家酒店，汪伦只得如实相告："桃花者，潭水名也，并无桃花；万家者，店主人姓万也，并无万家酒店。"李白听后放声大笑，感动于汪伦的用心，在桃花潭一连待了数日，这才有了《赠汪伦》。

李白发现自己被“忽悠”后，并没有一丝不快，反而与汪伦建立了深厚的友谊，在胸怀阔大之外，更显可爱。

硬核金素材

人物干货

李白，字太白，号青莲居士，被贺知章称为“谪仙人”，唐代伟大的浪漫主义诗人。

贵妃捧砚，力士脱靴

除了诗歌创作和求仕生涯，李白一生的经历，或许可用六个字概括：喜交友、好交游。

出蜀之后，李白“仗剑去国，辞亲远游”，过着仗剑云游的蹉跎生活。他到了长安后，一度求仕未果，混迹市井。李白交友甚广，他的朋友圈可以说从平民百姓到皇帝贵妃，几乎包含大唐盛世中的所有代表性人物。这当然与他自小既受到书香世家的儒学熏陶，又有蜀人天真豪放、浪荡不羁的游侠气质有关。

据说李白曾经和唐玄宗、杨贵妃一同吃饭，还曾享有“贵妃捧砚，力士脱靴”的无上尊荣，他送给杨贵妃的那三首《清平调》更是广为流传。

而他与同时代那些大名鼎鼎的诗人，例如杜甫、孟浩然、王维、岑参等的诗歌唱和，更是关于友谊的典范之作。

其中最为感人的，当然是李白赢得了中国诗歌史上双雄中的另一位大腕——杜甫的友谊。

杜甫对这位大自己十一岁的大诗人仰慕已久，推崇备至，他夸赞李白的诗“笔落惊风雨，诗成泣鬼神”，落笔能惊动狂风骤雨，诗歌能让鬼神哭泣，我们这位写实派“诗圣”对偶像才华的赞誉真是不吝笔墨。他太了解李白纵恣天才的不羁了，赞其为“一斗诗百篇”的“酒中仙”。对李白流放夜郎的遭遇，杜甫只能愤愤道“文章憎命达，魑魅喜人过”，这也成为哀叹千古文人共同命运的名句。

杜甫对李白的思念可谓一年四季不断。《春日忆李白》“白也诗无敌，飘然思不群”，《冬日有怀李白》“寂寞书斋里，终朝独尔思”，《天末怀李白》“凉风起天末，君子意如何”，还要《梦李白》“三夜频梦君，情亲见君意”，真是情深意切得让人汗颜！

李白不仅和高官显贵为友，还和平民百姓交往。他在《赠汪伦》中感叹汪伦对他的友情比桃花潭的千尺潭水还要深。当他接受当时身为平民汪伦的邀请前去做客，作诗离别的时候，那种依依不舍的深情又何曾比汪伦少半分呢？

李白之所以朋友遍天下，一方面是因为他才华出众，文学造诣极高，是那个时代明星式的人物；另一方面是因为他交朋友从来不考虑对方的身份地位，只是以一腔真诚对待所有人。正因如此，他才能从别人那里收获真挚的友谊。

跌宕起伏的人生

李白很喜欢庐山。它雄奇险秀，有冰川刃脊，叠泉飞流，处处有奇景，拥有瑰丽想象的李白望见它就诗兴大发。他曾多次与庐山结缘，每次都在人生节点上。

二十五岁那年，李白离开蜀地辞亲远游。第一次登上庐山，李白便被它的丹岩翠壑迷住。那时他已颇有名气，初入仕途便畅通无阻，人人称赞。庐山五老峰的雄壮激起了他的满腔壮志，在《登庐山五老峰》中幻想它是“青天削出金芙蓉”，这奇趣的比喻，向世人展露着他的锋芒。

三十年河东，三十年河西。五十六岁时，经历宦海沉浮的李白在兵荒马乱中无处可去，想到了仙气萦绕的庐山。于是他隐居在庐山的屏风叠，却不忘担忧国事，写下《赠王判官，时余归隐居庐山屏风叠》：“吾非济代人，且隐屏风叠。中夜天中望，忆君思见君。”庐山对他来说是一个避风的港湾，是舔舐伤口的幻境，但他不会久留。

公元 761 年，李白已六十岁。因为永王李璘被判为乱党，李白也遭到流放。对李白来说，这无疑是个沉重的打击。李白在流放夜郎的途中被赦，却无处可去，便顺着九江回到庐山。风烛残年的李白，为重获自由而兴奋，对着飞溅的三叠泉瀑布吟出了千古名作《望庐山瀑布》：“日照香炉生紫烟，遥看瀑布挂前川。飞流直下三千尺，疑是银河落九天。”如此旷达的心胸，要经历多少磨难才可铸就啊！

李白在庐山中汲取力量、保全性命、感悟真理，经历了“看山是山，看山不是山，看山还是山”的三重境界。诗歌天才遇到如此美景，可以说是文学史上的幸事了。

当然，庐山自古以来就天下闻名。不仅仅是因为其“雄、奇、险、秀”的特点而为人所熟悉，庐山的美，更在于这座山所拥有的人文气质。

“庐山”名称的来源充满神秘色彩。相传周朝有一位叫匡俗的修道者在此结庐修道，被国君知道后，国君邀请他出山为官。匡俗没有答应，而是隐入深山不知所终，只留下一座茅庐，因此人们把此山称为“庐山”。也有一种说法，周朝有一个叫方辅的人和老子一起在庐山修炼，两人都成仙化去，留下茅庐在此，故而称为庐山。

在后来的历史长河中，儒、佛、道三家都与庐山产生了联系。司马迁早年游历山河就登上了庐山。晋朝高僧慧远在这里建成西林寺。陶渊明隐居庐山写下《归去来兮辞》这样的千古名篇。道教四大天师之一陆修静也曾上庐山修道。庐山成为文人隐者的最爱。到后来，唐代李渤在庐山隐居，养白鹿自娱，人们将其故居改建为白鹿洞书院。到宋代，朱熹、陆九渊等人先后到白鹿洞书院讲学。白鹿洞书院一跃跻身天下四大书院之列。

七上敬亭山

《独坐敬亭山》是李白的一首五言写景绝句：“众鸟高飞尽，孤

李白斗酒诗百篇

云独去闲。相看两不厌，只有敬亭山。”与李白的其他写景诗不同，这首诗没有汪洋肆意的瑰丽想象和磅礴豪迈的雄壮气势，反而通过平淡的语言展现出由孤独凄凉到平淡悠闲的情绪感受，表达出诗题“独坐”的寂寞气质。

敬亭山位于安徽宣城之北，不仅景色优美，而且自古以来就是人文阜盛之地。南朝诗人谢朓（tiǎo）曾经担任宣城太守，在游览敬亭山之后写下《游敬亭山》一诗，赞颂这里山势巍峨，景致幽深。视谢朓为偶像的李白更是写下“相看两不厌，只有敬亭山”这样的千古名句。

唐代诗人白居易、杜牧、刘禹锡、李商隐以及宋代诗人苏东坡等都曾来过这里，敬亭山在诗人的反复吟咏描摹之下更加声名大振，有直追五岳之势。而清代著名画家、僧人石涛曾在敬亭山广教寺出家，其以敬亭风光为背景画成的《罗汉百开册页》成为中国绘画史上的一朵奇葩。

据说李白一生曾七上敬亭山，他和敬亭山、宣城（今安徽宣城）有一段绕不过去的纠葛。天宝十二载（753 年），李白因为仕途不顺，四处漂泊，堂弟李昭担任宣城长史，写信描述宣城风景之盛，邀请他来宣城游玩。李白回信道，“尔佐宣州郡，守官清且闲。常夸云月好，邀我敬亭山”，便欣然来到这里。在这里，李白得到了宣城官民的一致热捧和款待，他心情舒畅，留下了许多传诵千古的名作。其中最著名的莫过于《宣州谢朓楼饯别校书叔云》，从“弃我去者，昨日之日不可留；乱我心者，今日之事多烦忧”到“俱怀逸兴壮思飞，欲上青天揽明月”，再到“人生在世不称意，明朝散发弄扁舟”。“诗仙”李白的浪漫豪放展露无遗，在宣州、在敬亭山的这段时光对他而言无疑是舒畅快活的。

到了晚年，经历安史之乱后的漂泊，他最后一次登上敬亭山，写

高分句子铺

长风破浪会有时，直挂云帆济沧海。

——[唐] 李白《行路难三首·其一》

天生我材必有用，千金散尽还复来。——[唐] 李白《将进酒》

大鹏一日同风起，扶摇直上九万里。——[唐] 李白《上李邕》

下《独坐敬亭山》的时候，一定会想起当年亲朋相聚的欢乐时光，身在老境的孤独感油然而生。但诗仙还是诗仙，让那些烦恼和苦闷都去吧，只要有敬亭山继续陪伴我就足够了，那种平静悠闲正是仙人气度的最佳展现。

胸中有宇宙，心志立天地

坊间有句话“少读李白，老读杜甫”，李白所令人叹服的，就是这种从天而来、无人能及的盖世才气。洒脱不羁，想落天外，澎湃激情，汪洋恣意。李白凭一己之力，就可撑起大唐盛世气象。

他的一生天真烂漫，令多少人喜爱。“天子呼来不上船，自称臣是酒中仙。”他本可以拎着一壶酒半醉半醒走在长安街市，好好地当被世人宠爱的天之骄子，但花甲之年，他还在愤世不平，慷慨从军，出征报国。他就是这样，有着忘乎所以的热情，有着不可一世的天真，一辈子都怀有少年感。

他开朗自信，胸中有宇宙，心志立天地。“仰天大笑出门去，我辈岂是蓬蒿人”“何当凌云霄，直上数千尺”“我本楚狂人，凤歌笑孔丘”，他之于这个世界，是可亲的，是积极的，是闪耀的。可以说，他的才气保护了他的天真，支撑起他的自信；他的天真让他的才气有所容身，让他的自信干净透亮；而他的自信与进取让他始终保持昂扬的斗志、潇洒的风度。电影《妖猫传》里，杨玉环评价李白说：“李白，大唐有你才真的了不起。”是的，世间有李白，才真正的了不起。

热考微阅读

古时书信有多美

古时书信有很多很美的别称，如尺牍、尺素、双鲤、鸿雁、函、札、笺等。书信别称的由来，大约可分为四种：

第一，用书写的材质来指代书信，例如简（简书、简札、小简）、牍（尺牍、书牍）、札（书札）、帛（帛书）、尺素、尺纸、笺、朵云（云朵）。最有名的莫过于《古诗十九首》中的“客从远方来，遗我一书札”，又如宋代王洋《回谢王参议启》：“尚稽尺牍之驰，先拜朵云之赐”；李商隐《为举人献韩郎中琮启》：“仰瞻几阁，伏待简书”；张九龄《当途界寄裴宣州》：“委屈风波事，难为尺素传”等。

第二，用书写的工具来指代书信，例如尺翰、书翰、札翰、华翰。翰，本义是鸟羽。古时曾以羽毛为笔，故用“翰”代称笔，“翰墨”就是笔墨，“翰池”就是笔砚。写信要用笔，因此用与之相关的字词和“翰”构成双音节词来代称书信。如南朝宋鲍照《拟青青陵上柏》：“书翰幸闲暇，我酌子萦弦”；刘禹锡《谢窦相公启》：“每奉华翰，赐之衷言，果蒙新恩，重忝清贯”。

第三，用书信的包装来指代书信，例如函、缄（缄札、缄索）、书筒、双鲤（双鲤鱼、双鱼）。如宋王禹偁《回襄阳周奉礼同年因题纸尾》：“两月劳君寄两缄”；唐李商隐《春雨》：“玉珰缄札何由达，万里云罗一雁飞”；明张羽《续怀友诗并序》“携赏邈难期，庶望遗缄素”等。

第四，用与书信有关的动作来指代书信，例如书（尺书、书尺、书问）、启。比如元稹《得乐天书》，韦应物《初发扬子寄元大校书》。

白居易：在日本掀起经久不衰的热潮

钱塘湖春行

[唐]白居易

孤山寺北贾亭西，水面初平云脚低。
几处早莺争暖树，谁家新燕啄春泥。
乱花渐欲迷人眼，浅草才能没马蹄。
最爱湖东行不足，绿杨阴里白沙堤。

真题面对面

【2014年湖北黄石中考试题】

苏轼名句“欲把西湖比西子，淡妆浓抹总相宜”与本诗（《钱塘湖春行》）有异曲同工之妙。请问诗人运用哪些具体景象表现了“钱塘湖”堪比“西子”的秀美景色？

提分知识点

中国历史上，在杭州当过官的名人不少，但最有名的应当算是白居易，他不但留下了令后人敬仰的政绩，而且流传下来许多诗词文章，《钱塘湖春行》就是其中被人们熟知的一首。金圣叹在评价此诗的时候说："横开则为寺北亭西，竖展则为低云平水，浓点则为早莺新燕，轻烘则为暖树春泥。写湖上，真如天开图画也。"

硬核金素材

人物干货

白居易，字乐天，晚年号香山居士。唐代诗人，有"诗魔"和"诗王"之称。工诗，倡导"新乐府"运动。诗文与元稹齐名，世号"元白"。晚年与刘禹锡唱和，又称"刘白"。有《白氏长庆集》等。

大唐巨星

白居易在唐朝可以说是一个偶像级的人物，他的诗歌不仅在文化圈子里流传，也风靡"娱乐界"，他的《长恨歌》《琵琶行》等作品流传甚广，连小孩子及边远地区的人们都在传唱，酒楼歌馆的女子也以会背白居易的《长恨歌》而自抬身价。

"大唐巨星"白居易之所以有名，除了写作水平高、诗作数量多、寿命长等原因外，跟他善于藏书也有很大关系。白居易曾感慨"生前富贵应无分，身后文章合有名"，因此，为了避免著作散佚，他将自己的著作仔细誊抄了五部，分别给家人和不同的寺院收藏。

就在白居易去世前一年，他在《白氏文集后记》中说："诗笔大小凡三千八百四十首。集有五本：一本在庐山东林寺藏经院，一本在苏州南禅寺经藏内，一本在东都胜善寺钵塔院律库楼，一本付侄龟郎，一本付外孙谈阁童，各藏于家，传于后。其日本、新罗国及两京人家传写者，不在此记。”由此可见，白居易对著作的保存可谓用心良苦。因此，我们才有机会拜读他更多的作品。《白氏文集》也成为目前唐代保存下来的最完整的诗文集。

白居易不仅用心收藏自己的作品，他对古书典籍的保护和整理也做得十分到位。他曾经担任官藏典籍和图书的秘书监，带领属下整理藏书，分门别类，并编撰了《事类集要》，后称《白氏六帖》，是人们援引典故的珍贵宝库。

白居易在日本的名气

虽然在唐朝，白居易的名气不如李白、杜甫，但在日本，白居易的名气很大。早在日本平安时代前期，日本天皇就是白居易的忠实粉丝，他在位期间，汉诗文在日本得到很大发展。当时日本的文人聚会时，会通过作汉诗来彰显自己的才华，而这些诗歌中引用借鉴最多的就是白居易的诗。

到了平安时代中期，日本朝廷还开设了专门讲解白居易《白氏文集》的讲座。讲座由当时的名士主持，这是史无前例的。除此之外，在宫中，天皇还会与大臣们仿照白居易的诗，共同作诗。

当时的名士大江维时整理了一部唐朝诗人的名句集合——《千载

佳句》，里面共收录了一百五十三位诗人的一千零八十三首诗作，其中白居易的诗作就占了五百零七首，达到将近半数，可见白居易在日本的受欢迎程度。

那么白居易为什么会在日本这么受欢迎？究其原因，首先是因为白居易的诗歌风格。白居易的诗作通俗易懂，对不精通中文的日本人来说，这样的诗作更容易理解，流传也就更广。其次是白居易后期诸多体现自然之美和人生感悟的作品，更容易打动他们。

年少已多病，此身岂堪老

来长安求取功名之前，白居易已经在江浙一带独自漂泊数年。好在才学斐然，他十六岁便得到诗人顾况的赞赏，年少成名，同时期写下《王昭君二首》，引得人们争相传抄。彼时长安入夏，炎热难当，冰块极贵，白居易却因为名气甚大可以免费取用。

可毕竟是长安城，即便诗名大噪，并不能真的飞黄腾达，依旧要自己努力走上仕宦之路。事实上，白居易出身寒门，想做官只能依靠苦读，生活艰苦不说，因常常不眠不休，竟累出一场大病，险些丧命，当时他才刚满十八岁，偶然照镜子发现已经有了皱纹和白发，怆然写下“年少已多病，此身岂堪老”。同时段他又收到父亲来信，信中说由于物价飞涨，家里生活日益拮据。年少的白居易这才体会到何谓“长安居大不易”，也是在那时，他立下了通过科举考取功名的志向。

随后白居易自长安归乡，日日在家苦读，其文章有了长足的进步。在这期间偏偏祸不单行，他的小弟病死了，不久，父亲又病逝，家中的经济来源因父亲离世也跟着断了，负担陡然加重，一时之间饭都吃不饱。万般苦痛下，白居易写下《望月有感》一诗，此诗便是他家中的真实写照。后来，为了生计与前途，他四处奔波投靠。

直到贞元十五年（799 年），白居易赢得乡试，再次进京得以进士及第。

在求取功名的道路上，白居易走得不易，由于废寝忘食地苦读，他的身体未老先衰。这在他写给元稹的《与元九书》中可以窥见。“二十已来，昼课赋，夜课书，间又课诗，不遑寝息矣。以至于口舌成疮，手肘成胝，既壮而肤革不丰盈，未老而齿发早衰白，瞀瞀然如飞蝇垂珠在眸子中也，动以万数。盖以苦学力文所致，又自悲矣。”

写诗晒工资

刚踏入仕途的时候，白居易担任校书郎职务，是个负责抄抄写写的政府机关“文秘”。

他曾经几次写诗“晒工资”，最开始担任校书郎，他说“小才难大用，典校在秘书……俸钱万六千，月给亦有余，既无衣食牵，亦少人事拘”。后来，由于才能突出，晋升为左拾遗，官职上去了，工资涨了一倍，于是他就写了一首诗：“月惭谏纸二千张，岁愧俸钱三十万。”这工资水平在当时也是较高的。

白居易赞美荔枝“红颗珍珠诚可爱”

那么，他为什么要在诗歌里“晒工资”呢？这是因为白居易清正廉洁，他在诗歌里公示了自己的家产，表明自己的立场，不给行贿的人机会，也不给自己留下受贿的空间。

想在长安种荔枝

白居易在忠州（今重庆忠县）做官的时候，收到了弟弟白行简从长安寄来的家书。弟弟在信中说儿子龟儿在读了《长恨歌》之后，就问荔枝是什么样的，可是荔枝在长安十分罕见，他们也不知道，就写信给白居易，想要一幅荔枝图。妻子杨氏让白居易从忠州寄一些荔枝给家人，但白居易知道，荔枝一旦离开树枝，第一天就会变色，第二天味道就会变，到第三天荔枝就变得不好吃了。白居易转念一想，要是荔枝能种在长安该多好啊！长安的人们就都有口福了，也不会出现进贡荔枝这种劳民伤财的事情。

于是，白居易就带着妻子、仆人向农民请教种荔枝的方法，自己也尝试着在庭院里栽种了几棵荔枝树。过了一段日子，荔枝成熟了，白居易就让画工画了一幅《荔枝图》，将这幅图连同自己写的《荔枝图序》和《种荔枝》一诗一同寄给了弟弟，希望以后在长安也能种起荔枝来。白行简收到哥哥寄来的书信图画之后，就拿给好友们观赏，一传十、十传百，大家都希望有朝一日能吃到新鲜多汁的荔枝。

可当白居易从忠州回到长安的时候，《荔枝图序》虽已经传遍长安，但长安的人们还是没能吃上荔枝。朝廷依旧每年都要求涪州、忠州等地上贡荔枝，白居易为此唏嘘不已。

高分句子铺

文章合为时而著，歌诗合为事而作。——[唐]白居易《与元九书》

可怜身上衣正单，心忧炭贱愿天寒。——[唐]白居易《卖炭翁》

同是天涯沦落人，相逢何必曾相识。——[唐]白居易《琵琶行》

热考微阅读

白居易感慨"老了"，刘禹锡送了他一首诗

在古代，不少诗人之间互相欣赏，比如刘禹锡和白居易，两人还写过不少唱和诗歌，互相鼓励安慰。诗人们写诗往往像写信一样，字字深情。

比如，白居易在自己患病多年、意志消沉时，给刘禹锡写了《咏老赠梦得》：

与君俱老也，自问老何如？眼涩夜先卧，头慵朝未梳。

有时扶杖出，尽日闭门居。懒照新磨镜，休看小字书。

情于故人重，迹共少年疏。唯是闲谈兴，相逢尚有余。

刘禹锡当时年纪也大了，身体大不如前，眼睛花了，腿脚也不好使，但他可比白居易积极、坚强多了，于是他以诗歌《酬乐天咏老见示》回复：

人谁不愿老，老去有谁怜？身瘦带频减，发稀冠自偏。

废书缘惜眼，多炙为随年。经事还谙事，阅人如阅川。

细思皆幸矣，下此便翛然。莫道桑榆晚，为霞尚满天。

刘禹锡鼓励白居易，虽然人岁数大了，会有诸多不便，但是咱们经历了那么多事儿，认识了那么多人，看过那么多大好河山，已经很幸运了。

柳永：成也诗词，败也诗词

雨霖铃

［宋］柳　永

寒蝉凄切，对长亭晚，骤雨初歇。都门帐饮无绪，留恋处，兰舟催发。执手相看泪眼，竟无语凝噎。念去去，千里烟波，暮霭沉沉楚天阔。　　多情自古伤离别，更那堪，冷落清秋节！今宵酒醒何处？杨柳岸，晓风残月。此去经年，应是良辰好景虚设。便纵有千种风情，更与何人说！

真题面对面

【2020年高考浙江卷】

此去经年，________________，________________，更与何人说！（柳永《雨霖铃》）

提分知识点

词的上阕开篇通过“寒蝉”“长亭”“骤雨”这几个意象渲染了

离别时的氛围，一下子把全词的感情基调定了下来。秋日黄昏，都门外，一对情人正饮酒饯行。难舍难分之际，“兰舟”催着离人出发。两人四目对视，双手紧握，泪眼婆娑，却终究哽咽着不知道说什么。想着即将南下，这一路千里迢迢，烟波万里，夜色沉沉，楚天无垠，不禁沉重万分。

下阕作者开始抒发离别的感慨。在这萧瑟清冷的秋日，自己比古人更难以承受这离别之苦。接着说不知道今夜自己酒醒时会身在何处，醒来怕是只有岸边的柳树、凄冷的晨风和黎明的残月了，凄凉之情一下子跃然纸上。作者又想到这一去数年，以后纵使有良辰美景，却没有心爱的人陪伴身侧，心中所思所想，不知道要跟谁分享。到时候这美景对自己来说，就如同虚设一般。结尾情感深切，令人动容。

硬核金素材

人物干货

柳永，原名三变，字耆卿，因排行第七，又称柳七，北宋著名词人，婉约派代表人物。

凡有井水处，即能歌柳词

唐代到五代时期，词的体式以小令为主，慢词总共不过十多首。到了宋初，词人擅长和习用的仍是小令。比柳永略晚的张先、晏殊和欧阳修，仅分别尝试写了十七首、三首和十三首慢词，慢词占他们词作总数的比例很小，而柳永一人就创作了慢词八十七调一百二十五首。

柳永大力创作慢词，从根本上改变了唐五代以来词坛上小令一统天下的格局，使慢词与小令两种体式平分秋色、齐头并进。小令的体制短小，一首多则五六十字，少则二三十字，容量有限。而慢词的篇幅较大，一调少则八九十字，多则一二百字。柳永最长的慢词《戚氏》长达二百一十二字。慢词篇幅体制的扩大，相应地扩充了词的内容含量，也提高了词的表现能力。

白衣卿相柳永：“凡有井水处，即能歌柳词。”

宋朝是词的天下，词也是当时最流行的文学形式，柳永是当时词的集大成者。在两宋词坛上，柳永是创用词调最多的词人。他现存二百一十三首词，用了一百三十三种词调。而在宋代所用八百八十多个词调中，有一百多个词调是柳永首创或首次使用。词至柳永，体制始备。令、引、近、慢，单调、双调、三叠、四叠等长调短令日益丰富。形式体制的完备，为宋词的发展和后继者在内容上的开拓提供了前提条件。

柳永不仅从音乐体制上改变和发展了词的声腔体式，而且从创作方向上改变了词的审美内涵和审美趣味，即变“雅”为“俗”，着意运用通俗化的语言表现世俗化的市民生活情调。唐五代敦煌民间词，原本是歌唱普通民众的心声，表现他们的喜怒哀乐的。到了文人手中，词的内容日益脱离世俗大众的生活，而集中表现文人士大夫的审美情趣。

柳永由于仕途失意，一度流落为都市中的浪子，经常混迹于歌楼伎馆，对市民的生活、心态相当了解，他又经常应邀作词，供歌伎在茶坊酒馆、勾栏瓦肆里为市民大众演唱。因此，他一改文人词的创作

高分句子铺

衣带渐宽终不悔，为伊消得人憔悴。——[宋] 柳永《蝶恋花》

才子词人，自是白衣卿相。——[宋] 柳永《鹤冲天·黄金榜上》

愿天上人间，占得欢娱，年年今夜。——[宋] 柳永《二郎神·炎光谢》

路数，而迎合、满足市民大众的审美需求，用他们容易理解的语言、易于接受的表现方式，着力表现他们所熟悉的人物、所关注的事情。这也是为什么“凡有井水处，即能歌柳词”。

都是才华惹的祸

关于柳永的仕途，可谓成也诗词，败也诗词。柳永才华横溢，原本以为自己参加科举考试应该轻而易举金榜题名，没想到却名落孙山。于是柳永写了一首词抒发自己落榜后的满腹牢骚。

鹤冲天

黄金榜上，偶失龙头望。明代暂遗贤，如何向？未遂风云便，争不恣狂荡？何须论得丧。才子词人，自是白衣卿相。　烟花巷陌，依约丹青屏障。幸有意中人，堪寻芳。且恁偎红倚翠，风流事、平生畅。青春都一饷。忍把浮名，换了浅斟低唱。

这原本只是柳永科考失意的牢骚，没想到这首词传播四方，被皇帝看到了。后来柳永再参加科举考试，本来已经考中，谁知宋仁宗一看榜上有柳永的名字，就把他的名字给划掉了，并且说：“且去浅斟低唱，何要浮名！”还在他的试卷上批了四个字：“且去填词。”

于是柳永流连花街巷尾，喝得酩酊大醉，还戏谑地称自己是“奉旨填词柳三变”。一生未仕或许是柳永的不幸，但对词史而言是大幸。柳永为社会底层作词颇多，坊中有歌：“不愿君王召，愿得柳七叫；不愿千黄金，愿得柳七心；不愿神仙见，愿识柳七面”。

热考微阅读

“天下伤心处”的长亭

古人送别，水岸送别多用“南浦”“长江”“舟楫”等意象，而陆上送别，则多用“长亭”“短亭”“阳关”“古道”等典型意象。尤其是古诗词中的“亭”，已经成为一个经典的送别意象，多指离别之地、伤心之处。李白的《劳劳亭》：“天下伤心处，劳劳送客亭。春风知别苦，不遣柳条青。”劳劳亭是沿长江顺流而下的必经之地，送别了无数的人，因此成为送别名亭。另一处送别名亭是谢亭，李白有《谢公亭》诗：“谢公离别处，风景每生愁。客散青天月，山空碧水流。”

在古今诗词中多出现“长亭送别”的情景，如柳永《雨霖铃》中“寒蝉凄切，对长亭晚，骤雨初歇”，李白《菩萨蛮》中“何处是归程，长亭更短亭”。又如《西厢记》著名的“长亭送别”至今让人感动万千。莺莺到十里长亭送别张生赴京赶考，关汉卿选取了“长亭送别”这一特定时空渲染了主人公的离情别绪。

现在大家耳熟能详的，莫过于李叔同的《送别》了。“长亭外，古道边，芳草碧连天……天之涯，地之角，知交半零落……”长亭依依，愁情满怀。

无可避免、反复不断的离别在这些伤心之地上演，使得长亭也染上了一层离愁别绪。“长亭送别”也成为一个固定词组。

李清照：不特立独行的别样人生

夏日绝句

［宋］李清照

生当作人杰，死亦为鬼雄。

至今思项羽，不肯过江东。

真题面对面

【2021年四川成都中考试题】

相似的情节设置，常出现在不同小说中。同是女性为了“尊严”的“出走”，《简·爱》与《儒林外史》中相似的情节分别是什么？请结合阅读体验，加以简要概括。

提分知识点

这首诗看似简单易懂，但字里行间的男儿气概、兴亡之理及隐喻，值得我们一再品味。诗人开篇直抒价值取向：生时应当做人中豪杰，死后也应是鬼中雄才。起笔如此气势高昂，震慑人心。一代才女的柔中之刚，叫人惊叹。正如清代张谦宜对五言绝句的评价——“短而味长，入妙尤难”，此诗妙在说破的边缘，运用了“当”“亦”“不”三个语气强烈的虚词，表明诗人不可撼动的气节，再略做思考，其讽刺意味更辛辣。

硬核金素材

人物干货

李清照，号易安居士，宋代女词人，婉约词派代表，有“千古第一才女”之称。

一生两命运

李清照被称为“千古第一才女”。能赢得这一美誉，除了她自身极高的文学天赋，也离不开家庭环境的熏陶，尤其是父母的言传身教。

她的父亲李格非是熙宁年间的进士，也是苏轼的学生，“苏门后四学士”之一。李格非平时喜欢收藏典籍，精通辞章，爱写文章，无论境遇多艰难都不曾懈怠。他说：“文不可以苟作，诚不著焉，则不能工。”细品李清照的词作，就会发现，她在词作中对用字的精打细磨和流露出的真情实感，与其父所说的一丝不苟、以心相付的精神一脉相承。

关于李清照的母亲王氏，史书上没有较多的记载，但可以在李格非的传记中找到只言片语，即李清照的母亲是王拱辰的孙女，工于文章。王拱辰是谁？他与欧阳修同年参加科举考试，欧阳修进士及第，而王拱辰是状元及第。身为状元的孙女，李清照的母亲自然也才华出众。

出生在书香门第，再加上父母的悉心教导，这都为李清照日后在文学史上散发光辉奠定了坚实的基础。

李清照的一生，就像一座桥的两端，一端在花红柳绿的温室，一端在凄凉无助的泥沼。

少年时代的李清照，家境优渥，生活自在，从小受到很好的教育。她聪明活泼，才华横溢，是一位难得的才女。后来遇到知己兼伴侣赵明诚，两个人心意相通，恩爱非常，“赌书消得泼茶香”，是多么令人羡慕的神仙伴侣。

但是，世事无常，朝廷政局动荡，李清照的父亲和丈夫先后受到牵连，被免官罢职。于是，她同丈夫去故里青州居住。后来赵明诚因病去世，李清照独自带着先前和丈夫收集的金石书画不断逃亡，像一叶孤舟在风浪中无助地飘摇，最终这些金石书画也都遗失在逃亡途中。

晚年的李清照定居临安（今属浙江杭州），想着后半生颠沛流离、孤独无助的遭遇，吟唱出凄楚的《声声慢》。正是因为一生两命运，李清照前期和后期作品的风格差别很大，前期多书写欢快自在的少女时光，后期则多写面临家国之灾的流离生涯。

丈夫叛逃，感情生变

说起中国古代才子佳人式的婚姻，李清照和赵明诚算是其中的典范，他们合著的《金石录》体现了他们渊博的学识，也唱诵着他们赌书泼茶的爱情。但佳眷难求，怨侣易生，再被看好的感情也可能产生分歧和裂痕。

《夏日绝句》作于“靖康之变”的第二年夏天。有一天，身为江宁知府的赵明诚收到急报：御营统治官王亦要叛变，但赵明诚并没有做出应对。当晚王亦出兵，赵明诚却趁夜用绳子从城墙上逃跑了，贪生怕死，置全城百姓安危于不顾。李清照为丈夫严重渎职的行为感到惊讶和羞耻，因为他亵渎了二人相誓要毕生坚守的节操，李清照与他产生了不可消除的隔阂。叛乱平定后，赵明诚被革职，虽一年后复职，但宋朝局势江河日下，夫妻二人也被迫南逃。行至乌江，李清照想起了西楚霸王项羽的死，再联想今日境地，百感交集，吟出《夏日绝句》：“生当作人杰，死亦为鬼雄。至今思项羽，不肯过江东。”

夫妻之间的情感，国家的完整和强盛，都不复从前了。两人因为志同道合而相恋，生活的柴米油盐多少会冲淡初心，心中的裂痕一旦出现，便无法修补。

因为此事，赵明诚羞愤难当，郁郁寡欢，加上世事动荡不安，便生了急病，不久病逝于南京。而四十六岁的李清照，带着他留下的半部《金石录》，孤身一人，漂泊于乱世。

闪婚闪离，连坐入狱

国破家亡，膝下无子。已经年过五十的李清照跌入了人生的谷底。在李清照承受着生活带给她的巨大折磨与痛苦时，一个叫张汝舟的男人向她伸出了温暖的手。

1132 年，李清照再婚，嫁与张汝舟为妻，本以为这是绝望中的救赎，却没想到只是另一段噩梦的开始。张汝舟追求李清照，一是看上了她的才貌，更重要的是觊觎李清照家中珍贵的文物收藏。在获知李清照的财产在逃亡途中已所剩无几时，张汝舟露出市侩狡诈的本性，对李清照谩骂，甚至挥拳家暴。于是李清照果断做出决定——离婚。闪婚闪离，舆论与世俗的口水几欲淹没她。随后李清照更是收集了张

高分句子铺

花自飘零水自流。一种相思，两处闲愁。

——［宋］李清照《一剪梅》

和羞走，倚门回首，却把青梅嗅。——［宋］李清照《点绛唇》

莫道不销魂，帘卷西风，人比黄花瘦。——［宋］李清照《醉花阴·薄雾浓云愁永昼》

物是人非事事休，欲语泪先流。——［宋］李清照《武陵春》

枕上诗书闲处好，门前风景雨来佳。——［宋］李清照《摊破浣溪沙》

汝舟营私舞弊、虚报举数骗取官职的罪证，骗婚案变成欺君案，最终张汝舟被罢免了官职，贬至广西柳州。

只是当时宋朝有规定，如妻子状告丈夫犯罪，一经查实，妻子要连坐入狱两年。而李清照凭借因才德而积累下的人脉，仅九天便获释出狱。

内心细腻柔软，却又绝不失强大与坚强。这样的李清照，纵使颠沛流离，遇人不淑，仍可在恣意潇洒与酣畅淋漓中爱过、活过。

“诗仙”李白喝酒豪气潇洒，同为李家人的李清照在饮酒方面也毫不逊色。李清照有多爱喝酒呢？她的饮酒，不是浅斟低酌，而是大醉无归。李清照存世作品里有二十多首是关于喝酒的，从比例上比李白的还高。李清照经常呼朋引伴，哪怕喝多了也丝毫不显丑态。

如梦令

常记溪亭日暮，沉醉不知归路。兴尽晚回舟，误入藕花深处。争渡，争渡，惊起一滩鸥鹭。

词中李清照喝得晕乎乎的，连回家的路都找不着了。但李清照又绝非滥酒之人，以词中所写，某日黄昏，她驾着小船，一边游湖一边品酒，那该是一种多么浪漫惬意的情景。李清照的词被人吟唱最多的就是《声声慢》：“三杯两盏淡酒，怎敌他晚来风急……”靖康之变，词人流离失所，老来无依，在饱经人生的炎凉风霜后，已不再是当年闺中抒情的少女，此时的酒，已满含凄凉之意。

在中国的历代女子中，诗词登峰造极者，仅李清照一人而已。

热考微阅读

宋代四大女词人

宋词代表着宋代文学的最高成就，历来与唐诗并称“双绝”。在宋词历史上还有三位女词人，与李清照合称为宋代四大女词人。她们是张玉娘、吴淑姬、朱淑真。

张玉娘，字若琼，自号一贞居士。她出生在仕宦家庭，自幼饱读诗书，敏慧绝伦，尤其擅长诗词，时人将她比作“东汉曹大家”班昭。

吴淑姬，作品有《阳春白雪词》五卷、《花庵词选》，黄升以为“佳处不减李易安”。

朱淑真，号幽栖居士，亦为唐宋以来留存作品最丰盛的女词人之一。

可惜的是，朱淑真去世后，只有一部分诗词留了下来，后被整理成《断肠诗集》与《断肠词》。

陆游：一代文豪的侠骨柔情

卜算子·咏梅

［南宋］陆　游

驿外断桥边，寂寞开无主。已是黄昏独自愁，更着风和雨。

无意苦争春，一任群芳妒。零落成泥碾作尘，只有香如故。

真题面对面

【2022年西藏统考中考试题】

请发挥联想和想象，用生动形象的语言描述本词上片呈现的画面。

提分知识点

这首《卜算子·咏梅》是南宋词人陆游的作品。在历史上，宋代女词人朱淑真，宋代词人朱敦儒、刘克庄，现代文学家郭沫若等人都以同样的题目吟咏过梅花，而陆游这首词仍能经久传唱，这则源于作者十分形象而准确地表现出梅花清香淡泊的品质，使读者仿佛身临其境，最终与作者的情感产生共鸣。

陆游写作本词时，正面临屡被奸佞打击、壮志难以实现的境遇。他以梅花自况，借赞咏梅花来表达自己虽然面临坎坷磨难却毫不屈服，为了报国理想，纵然身死零落，也要使一腔浩气长存。

硬核金素材

人物干货

陆游，字务观，号放翁，越州山阴（今浙江绍兴）人，南宋著名诗人、词人。

陆游写过一首关于写文章的诗，讲的是“文章天成”的道理：

文章

文章本天成，妙手偶得之。
粹然无疵瑕，岂复须人为？
君看古彝器，巧拙两无施。
汉最近先秦，固已殊淳漓。
胡部何为者，豪竹杂哀丝。
后夔不复作，千载谁与期？

除了关于写作的诗，陆游还写过很多关于读书的文章，因为他一生很爱读书，几乎终日与书相伴，他曾评价自己：“饮食起居，疾痛呻吟，悲忧愤叹，未尝不与书俱。”

陆游读书也在很多方面和今人相似。例如，陆游读书有时是为了研究某一个主题而读书。他为了研究杜甫，就选择了很多与杜甫有关的书，专心致志地攻读，而后在《老学庵笔记》中写下了关于杜甫的独到见解。

此外，他还为了“用”而读书。陆游年轻时，志在抗击外敌入侵，报效祖国。为了实现自己的愿望，他一边练武一边读《孙子兵法》，还专门写了一首名为《夜读兵法》的诗。

再者，系统地读书。陆游住的地方都是书，但多而不乱，他会把书分门别类地摆好，系统地读，他首先攻读了许多古人的诗，再“昼读夜思”不止，读完了“从世遗文”至“先秦古文”，后来又读完了“六经”、《左传》、《离骚》等历代重要著作，最后才有选择性地博采众长。

陆游为何深夜挑灯阅读《出师表》

陆游被罢免后，大病初愈时写了一首《病起书怀》：“病骨支离纱帽宽，孤臣万里客江干。位卑未敢忘忧国，事定犹须待阖棺。天地神灵扶庙社，京华父老望和銮。出师一表通今古，夜半挑灯更细看。”面对仕途的坎坷和病痛的折磨，他并没有怨天尤人，依然关心国事、自我勉励。陆游希望自己为国家也能尽一份力，像胸怀天下的诸葛亮一样，于是深夜里挑灯阅读流芳千古的《出师表》，想从中习得运筹之术、悟出为臣之道，鼓励自己坚持不懈地为理想而奋斗。

陆游为什么要读《出师表》呢？对陆游来说，诸葛亮是精神导师、人生范本。《感秋》里说“凛然《出师表》，一字不可删”，《游诸葛武侯书台》里说“出师一表千载无，远比管乐盖有余”，《书愤》里说“出师一表真名世，千载谁堪伯仲间”，评价如此之高，想必是时常翻阅，倒背如流，满心倾慕，而且最重要的是感同身受——陆游觉得生平所遇和诸葛亮相似，所以要求自己也达到他的高度。

《出师表》是身为蜀相的诸葛亮在北伐之前献给蜀汉后主刘禅的一封谏书，条分缕析、事无巨细地劝皇帝广开言路、任用贤臣、科学用兵。当时北伐之事万分紧急，诸葛亮十分冷静，在文末却说“临表涕零，不知所言”，拿着笔墨未干的文章哭得不知刚刚写了什么，然后就挥师北上了。离开蜀地，诸葛亮舍不得、放不下，于是在《出师表》中写了很多东西，这是一篇臣子的谏言，是一段将军的誓词，更是一封长辈给晚辈的家书。而刘禅也谨遵刘备“事丞相如父”的遗嘱，杀了污蔑诸葛亮的李邈，在沔（miǎn）阳（今湖北仙桃）为之立庙，这等于将诸葛亮尊为汉室的祖先而非功臣了，这是汉朝的唯一一例。

在陆游眼里，《出师表》有一种可贵的分寸感：本为臣子，若是行令如君便会招嫌；身为君主，事臣如父就会违背伦理，但是诸葛亮和刘禅能安定蜀地，不起流言，是君臣皆贤的缘故。当时南宋也面临着北伐，陆游也有诸葛亮一般的赤胆忠心，时常翻看《出师表》，把它当成精神寄托，所以对他来说，《出师表》是“千载无”的。

陆游的军旅生涯

陆游不是将军，他甚至连战士都算不上。八十五年的人生中，其军旅生涯只有一年多，又是文职，而且他当时已经四十五岁，算不上年轻了。陆游生活的年代，岳飞、秦桧已死，宋高宗退位，年轻气盛的宋孝宗甫一即位便雷厉风行地批判秦桧、昭雪岳飞，起用老将张浚北伐。可惜兵败如山倒，朝野仓皇，主和派论调重起，陆游“上马击狂胡”的军旅梦想也变成了“细雨骑驴入剑门”的失意诗情。

陆游祖籍汴梁（今河南开封），陆氏世代为官。两岁时金兵攻陷

陆游：一位有着将军梦的诗人，爱国之心矢志不渝

首都，他被母亲抱在怀里，随着乱军的杂沓和灾民的哭号逃到江南。之后，他早慧的心志被流亡的耻辱敲打，被故国三千里的不堪和思念淬炼，他习文、练剑、演习兵法，而收复失地之志无一日忘之，如烈火般炽热，如刀锋般让人疼痛不已。所以，这短暂的一年多，陆游用他的后半生来回忆、来书写。陆游的悲恸，是整个南宋有志之士的悲恸。绍熙三年（1192 年）十一月，陆游退居家乡山阴，写下了《十一月四日风雨大作二首》——

其一

风卷江湖雨暗村，四山声作海涛翻。

溪柴火软蛮毡暖，我与狸奴不出门。

其二

僵卧孤村不自哀，尚思为国戍轮台。

夜阑卧听风吹雨，铁马冰河入梦来。

此时，陆游垂垂暮年，虽贫病交加，但爱国之志丝毫未减。

陆游与唐婉

在遗传学说还没有传入中国前，人们并不了解近亲结婚的危害，因此表哥娶表妹被认为是“亲上加亲”的事情。陆游与表妹唐婉青梅竹马，十七岁那年，陆家以一支祖传的钗头凤作为信物，娶回了唐婉。婚后夫妻和睦，恩爱非常，除了没有生育。但是，这恰恰击中了古代长辈的痛点，“不孝有三，无后为大”。先不论唐婉的温婉可人是不是会让陆游沉溺其中耽误考取功名，单单是没有生育这件事就足以让陆母大发雷霆，命令陆游休妻。

陆游最终休了唐婉，也休了他们曾许诺一生一世的誓言。在陆母的安排下，陆游再娶王氏，唐婉也在娘家的撮合下，嫁给了文雅学士赵士程。如果没有后来沈园的那场相遇，也许，陆游与唐婉会带着对彼此的爱，默默地陪在另一个人身边，直到终老。但是，沈园的重逢，似乎是上天安排好的，让他们再一次面对内心的执念。

那应该是一个有些微风的午后，唐婉跟丈夫到沈园游玩。机缘巧合下，陆游也来到了沈园。

意料之外，又在情理之中。四目相对的一瞬间，所有的记忆都被唤起。但是，身边的人已不是彼此。

钗头凤·红酥手

［宋］陆　游

红酥手，黄縢酒，满城春色宫墙柳。东风恶，欢情薄。一怀愁绪，几年离索。错，错，错。　　春如旧，人空瘦，泪痕红浥鲛绡透。桃花落，闲池阁。山盟虽在，锦书难托。莫，莫，莫！

在沈园重逢后的第二年，唐婉独自再次游沈园，无意间发现陆游题的这首《钗头凤·红酥手》，想起曾经的山盟海誓，想起夫妻恩爱的美好时光，以及不得已分开、不得已再嫁的过往。爱与怨交加，心痛不已，便在后面题了这首《钗头凤·世情薄》。

钗头凤·世情薄

[宋]唐　婉

世情薄，人情恶，雨送黄昏花易落。晓风干，泪痕残。欲笺心事，独语斜阑。难，难，难！　人成各，今非昨，病魂常似秋千索。角声寒，夜阑珊。怕人寻问，咽泪装欢。瞒，瞒，瞒！

她心里终究还是有一丝怨恨的，怨陆游不能为她“怒发冲冠为红颜”，不能履行当初许下的誓言，同时，她心里还是有爱的，爱曾经那个鲜衣少年，也心疼陆游的身不由己。多种情绪涌上心头，无法诉说，无法排解。回去之后，唐婉就病倒了，郁郁而终。

远在千里之外的陆游毫不知情，等到他白发归来，已是四十年后。他以为，唐婉早已子孙满堂，享受着天伦之乐，谁知道，他回来看到的，只是四十年前的孤冢一处。唐婉，用生命回应了这场悲剧的爱。

万千愁绪，无语凝噎，此生已是错过。陆游余下的所有时光，都住在沈园附近，这个使他一生痛苦的地方，而那份愧疚，终究无法再求得原谅。

高分句子铺

山重水复疑无路，柳暗花明又一村。——[宋]陆游《游山西村》

纸上得来终觉浅，绝知此事要躬行。

——[宋]陆游《冬夜读书示子聿》

热考微阅读

陆游存诗九千三百余首，最能博采众长

在陆游的诗歌中，我们不难发现，他很会博采众长，借鉴很多榜样的情感和艺术风格，但他并不是单纯地模仿古人。

陆游说过“功夫在诗外”，又在《题庐陵萧彦毓秀才诗卷后》中提道：“法不孤生自古同，痴人乃欲镂虚空。君诗妙处吾能识，正在山程水驿中。”意思是说，诗的妙处可能并不在闭门造车、模拟古人中求得所谓的诗外功夫，而必须来自丰富的生活经历和对现实世界的深切感受。

陆游是一位创作风格特别丰富的诗人，存诗共九千三百余首，他虽然善于学习前人的风格、技巧，化用前人的诗意、典故、词汇、句法，但这只是他用来表现自己情感和体验的工具，而不是自我禁锢的圈牢。正是因为能广泛吸收前人之长，又能灵活运用，从而使其诗作呈现多样化的风格和面貌。正如陆游的诗句“文章最忌百家衣，火龙黼黻（fǔfú）世不知。谁能养气塞天地，吐出自足成虹蜺”所表明的，生活经历和内在涵养是写文章根本的依据。

辛弃疾：文武双全，大宋第一热血青年

西江月·夜行黄沙道中

［南宋］辛弃疾

明月别枝惊鹊，清风半夜鸣蝉。稻花香里说丰年，听取蛙声一片。　　七八个星天外，两三点雨山前。旧时茅店社林边，路转溪桥忽见。

真题面对面

【2022年浙江温州中考试题】

◎探究词风

1. 依据你的阅读体验，概括辛词豪放风格的特色。

2. 辛弃疾词风特色的形成，是否受其人生经历的影响？根据集录，结合探究过程，发表你的看法。

提分知识点

南宋俞文豹的《历代诗余引吹剑录》中有一句著名的比喻：“柳

郎中词，只合十七八女郎，执红牙板，歌‘杨柳岸，晓风残月’。学士词，须关西大汉，铜琵琶、铁棹板，唱‘大江东去’。”这虽是评价柳永和苏轼的词作，但也生动形象地道出了豪放和婉约的区别。

在宋词的发展里程中，先是苏轼开创了豪放一派，而后辛弃疾将豪放派切实确立并发扬光大，但词人的创作风格往往是多样的，不能一概而论，辛弃疾的词作便是如此。

豪情万丈是他。建功立业是辛弃疾一生的追求，他不惧上阵杀敌，期望做统兵沙场的英雄，他说：“道男儿，到死心如铁。看试手，补天裂。”

忧愁压抑是他。当建功立业的愿望不能实现时，辛弃疾陷入了英雄无用武之地的郁闷之中，在词中抒发对奸佞小人的痛恨：“君莫舞。君不见、玉环飞燕皆尘土。”

清新平常也是他。辛弃疾的一些词作还描绘了温馨有趣的田园风光生活，就比如这首《西江月·夜行黄沙道中》。

可见，辛弃疾的词风多样，内容多元。

硬核金素材

人物干货

辛弃疾，字幼安，号稼轩，南宋豪放派词人，有“词中之龙”之称。

一战成名

宋高宗绍兴三十一年（1161 年），金国皇帝完颜亮大举南侵。二十一岁的辛弃疾参加了抗金起义军并担任掌书记。后金人内乱，完颜亮在前线为部下所杀，金军向北撤退，辛弃疾奉命南下与南宋朝廷联络。在完成使命归来的途中，听到起义军首领被叛徒杀害、义军溃散的消息，他便率领五十多人袭击几万人的敌营，把叛徒擒拿带回建康，交给南宋朝廷处决。这番勇敢与果断的举动使他名噪一时。宋高宗亲自任命他为江阴签判，从此他开始了仕宦生涯，这年他二十五岁。

可是他之后的宦途就不那么平顺了。辛弃疾初到南方时，对南宋朝廷的怯懦和畏缩并不了解，加上高宗曾赞许他的英勇行为，即位的宋孝宗也一度表现出想要恢复失地、报仇雪耻的锐气，所以在任职的前一时期，他曾写文章提出抗金北伐的建议，如《美芹十论》《九议》等。尽管这些建议书在当时深受人们称赞，但朝廷反应冷淡，只对辛弃疾的才干感兴趣，先后把他派到江西、湖北、湖南等地担任转运使、安抚使之类的地方官职，负责治理荒政、整顿治安。

现实对辛弃疾是残酷的。他虽有出色的才干，但豪迈倔强的性格和执着北伐的热情，使他难以在官场上立足。然而“国家不幸诗家幸”，辛弃疾将他抗金志难成的愤慨与英雄失路、壮士闲置的愤懑浇铸到了文学创作中。爱国报国的激情与英雄末路之悲成为辛词的主旋律，浓烈炽热的感情抒发是辛词的基本格调，也成就了南宋词坛豪放派代表“苏辛”并称、“词中之龙”的美名。

梦里沙场秋点兵

一个深夜，谪居江西的辛弃疾借酒消愁，蒙眬中做了个沙场秋点兵的美梦，但醒来后更愁，他想提刀上战场，却只能悲叹“可怜白发生”。这一年辛弃疾四十八岁，对一个年轻时“投鞭飞渡”“列舰层楼”的男儿来讲，也算壮年，就算有白发，他心里那股劲头也与少年无异。

醉里挑灯看剑，梦回吹角连营。八百里分麾下炙，五十弦翻塞外声，沙场秋点兵。　马作的卢飞快，弓如霹雳弦惊。了却君王天下事，赢得生前身后名。可怜白发生！

——辛弃疾《破阵子·为陈同甫赋壮词以寄之》

大诗人幻想中的自己在战场上英姿飒爽，但没有谁像辛弃疾一样，真正在刀光剑影中穿梭过那么多次：勇擒叛徒张安国；带着敢死队荡平茶寇；组织“飞虎军”，雄镇一方。可惜，“飞虎军”被朝廷死死压制，一次重要战役也没打过；《美芹十论》皇帝一句也没听进去。他的奔走呼号，主和派看在眼里、恨在心里，以至于辛弃疾被闲置了几十年，时升时降，任人摆布。他自嘲说自己的姓不好，“辛苦”“辛酸”，好滋味都“不到吾家门户”，却还等着下一次被任用。

1204 年，朝廷重新起用六十四岁的辛弃疾，将他任命为浙东安抚。此时外敌虎视眈眈，南宋国力衰弱，辛弃疾心知北伐无望，出兵须万分谨慎。而主帅韩侂胄未看清内外形势就轻敌冒进，辛弃疾反对，斗争失势。他悲愤满怀，写下《永遇乐·京口北固亭怀古》：

千古江山，英雄无觅，孙仲谋处。舞榭歌台，风流总被，雨打风吹去。斜阳草树，寻常巷陌，人道寄奴曾住。想当年，金戈铁马，气吞万里如虎。　　元嘉草草，封狼居胥，赢得仓皇北顾。四十三年，望中犹记，烽火扬州路。可堪回首，佛狸祠下，一片神鸦社鼓。凭谁问：廉颇老矣，尚能饭否？

他老了，头发花白，内心矛盾，一遍遍地问自己，此时的保守态度，背叛了年轻时的那个自己，算不算背叛那夜写的《破阵子》，他觉得无能为力。

三年后，命运跟辛弃疾开了个玩笑：朝廷让他到杭州带兵打仗，辛弃疾却“出师未捷身先死”，在弥留之际，他还大呼“杀贼”，最终带着不甘死去。

一直以来，我们习惯根据词作的风格将词分为豪放词和婉约词，相应地，我们也将词人划分为豪放派词人和婉约派词人。这样的划分其实有些片面。因为并非写婉约词的就只能是清秀的书生，而一个常

高分句子铺

近来始觉古人书，信著全无是处。——[宋]辛弃疾《西江月·遣兴》

江头未是风波恶，别有人间行路难。——[宋]辛弃疾《鹧鸪天·送人》

写豪放词的人，未必写不出细腻婉转的作品，比如像辛弃疾、陆游，英勇豪放如他们，也能写出“众里寻他千百度”的深情，也能有“钗头凤”的柔情。

辛弃疾是文人中难得的书生和百夫长的集合体，文武双全，写得了境界阔大、豪情万丈的词作，也能够在金军大举南侵的时候，聚集人马，成为反金起义军的掌书记。

也许是年轻有为，也许是骨子里带着与生俱来的豪迈，辛弃疾的词里大多充满雄心壮志和慷慨激昂的气势。相对于苏东坡词中那种看透世事的豁达沉静，辛弃疾更多的是将满腔的热血写进词里，把以身报国的壮志写进词里。

辛弃疾前半生征战沙场，威名赫赫，后来居于山村，写了许多描写村居生活的佳作。

鹧鸪天

陌上柔桑破嫩芽，东邻蚕种已生些。平冈细草鸣黄犊，斜日寒林点暮鸦。　　山远近，路横斜，青旗沽酒有人家。城中桃李愁风雨，春在溪头荠菜花。

原本关注征战杀伐的大将军将眼光移易在桑芽、蚕种、黄犊、菜花之上，竟也清新脱俗、自然流畅，可见其文学才华之高。

辛弃疾的词还有一个非常特别的地方，就是善用典故。他善于将经、史、子、集等各种典籍、前人诗词中的句子以及历史典故都融入自己的词中，还用得恰到好处，这足以看出他的才学不。

热考微阅读

济南二安

山不在高，有仙则名。一个地方，若能有一两个名人，定会给当地增添不少亮色。“济南二安”便是济南浓墨重彩的一笔。

济南二安指的是李清照（号易安居士）和辛弃疾（字幼安），两人是宋代词坛“婉约派”与“豪放派”的代表人物，也都是济南人。清代神韵派大师王士祯便称两人为“济南二安”。

王士祯说：“婉约以易安为宗，豪放为幼安称首，皆吾济南人，难乎为继矣。”（《花草蒙拾》）齐鲁文化源远流长，是儒家文化的重要发源地，也是中华传统文化的重要组成部分，具有很强的包容性和继承性。以“济南二安”为代表的齐鲁词人，深受齐鲁文化治世进取思想的影响，词作中有一股天然的豪情壮志。在幼安词中显露出来的是豪气云天，在易安居士词中是“丈夫气”。

第二章

传奇热面孔

林则徐：他的超级朋友圈

苟利国家生死以，岂因祸福避趋之。

——［清］林则徐

真题面对面

【2023年高考全国新课标Ⅰ卷】

好的故事，可以帮我们更好地表达和沟通，可以触动心灵、启迪智慧；好的故事，可以改变一个人的命运，可以展现一个民族的形象……故事是有力量的。

以上材料引发了你怎样的联想和思考？请写一篇文章。

提分知识点

在人教版五年级下册第四单元的导语页上，出现了林则徐的这则名言。这句诗出自《赴戍登程口占示家人二首·其二》，全诗为“力微任重久神疲，再竭衰庸定不支。苟利国家生死以，岂因祸福避趋之。谪居正是君恩厚，养拙刚于戍卒宜。戏与山妻谈故事，试吟断送老头皮”。

“苟利国家生死以，岂因祸福避趋之”已成为百余年来广为传诵的名句，也是全诗的思想精华之所在。它表现了林则徐刚正不阿的高尚品德和忠诚无私的爱国情操。“生死以”语出《左传·昭公四年》。郑国大夫子产因改革军赋制度受到他人毁谤，他说：“苟利社稷，死生以之。”这里的“以”字原意是“为”“做”或“从事”，准确理解它的含义才能读懂全诗。如以“国家”对“祸福”，以“生死”对“避趋”，按词性来说，都是正对。“生死以”的“以”字作“为”解，是动词；而“之”字是虚词。诗人既用“以”字的实词义表达思想内容，又借它的虚词义与“之”字构成对仗，彰显出驾驭文字的深厚功力。

硬核金素材

人物干货

林则徐，字元抚，福建侯官（今福建福州）人，清朝政治家、思想家和诗人。

《赴戍登程口占示家人二首·其二》这首诗作于道光壬寅年（1842年）八月，鸦片战争后朝野上下将矛头指向林则徐，他由民族英雄转身被指责为历史罪人。充军去伊犁途经西安留别家人时，他写下了这首满腹悲愤的诗作。林则徐还做了自注，引用杨朴写东坡赴狱前对妻子的戏言，表明了林则徐不顾个人安危，虽遭革职充军也无悔意。

“戏与山妻谈故事，试吟断送老头皮”这两句从赵令《侯鲭录》中的一个故事生发而来。宋真宗时，访天下隐者，杞人杨朴奉召廷对，自言临行时其妻送诗一首：“更休落魄贪杯酒，亦莫猖狂爱咏诗。今日捉将官里去，这回断送老头皮。”杨朴借这首打油诗向宋真宗表达不愿入朝为官的意愿。林则徐巧用此典，幽默地说：“我跟老伴开玩笑，这回我也变成杨朴了，弄不好会送掉老命的。”这等于含蓄地对道光帝表示：“您还是让我安安生生当老百姓吧。”我们认真体味这首七律诗，当能感觉出它和屈原的《离骚》一脉相通的心声。

最强有力的代言人

这位开近代中国之眼、“睁眼看世界第一人”的先锋者，出身贫寒，父亲林宾日是个教书先生，是闽中著名氏族九牧林的后代。尽管林家家境寒苦，但是非常重视教育。四岁时，父亲已将林则徐携入塾中，教以晓字。七岁时，林则徐已能熟练运用多种文体来写诗作文。

父亲的教学方法不同于一般的教书先生，教育态度既讲究又开明。他不仅注重追求学问，还注重品格修养；不求死背，不求体罚，循循善诱，因材施教。在他的教育下，林则徐很小就显示出过人的聪慧，八九岁时就在学堂上写出了“海到无边天作岸，山登绝顶我为峰”的诗句，震惊四座。后来进入书院，结识了抱有“经世致用”之学的汉学家陈寿祺等人，立下经世救国之志。

林则徐虽然不是活跃于交际圈的人，但他做官后加入了由地位不高的京官组成的宣南诗社，结交龚自珍、魏源等人，并且很快成为社团领导者。这几个人日后都开时代之先风，可谓志同道合者。

主持禁烟后，林则徐有意识、有目的地收集外文报刊、书籍进行翻译，以求获得有价值的情报，使朝廷、国人加深对“西洋”的了解。他的朋友魏源在他任江苏巡抚时，与他往来密切，写下了介绍西学、科技的重要著作《海国图志》，将林则徐学习外敌的技艺以制敌的思想落诸笔端。林则徐的超前眼光、爱国之志、为民之心使他成为近代中国第一代睁眼看世界的知识分子强有力的代言人。

谁才是“睁眼看世界”的第一人

曾经有人问，林则徐和魏源谁才是“睁眼看世界”的第一人？这其实不重要，重要的是魏源同林则徐一样，是鸦片战争时期“睁眼看世界”中最有眼光的人物。

在代表作《海国图志》中，魏源很好地贯彻并发挥了林则徐了解和学习西方的思想和做法，他也认为了解和学习西方的科学技术是对付侵略的重要方法。同时，魏源提出了“师夷长技以制夷”的口号，认为“善师四夷者，能制四夷；不善师外夷者，外夷制之”，把学习西方的“长技”提高到关系国家、民族安危的大事上来认识，在当时

“苟利国家生死以，岂因祸福避趋之”这一句，成为无数爱国者的座右铭

产生了重大影响。

而面对社会上把西方先进的工艺技术一概视之为“奇技淫巧”的顽固封建派，魏源认为“有用之物，即奇技而非淫巧”，与此同时，又提出一套具体方案，不但包括官办军事工业、改进军队武器装备的内容，而且提出了兴办民用工业、允许商民自由兴办工业的主张。

最重要的是，魏源始终相信中国人民有能力掌握西方的新式生产技术，逐步做到“不必仰赖于外夷”，一定能富强起来，赶上并超过西方资本主义国家。

龚自珍，因字体不佳而仕途坎坷

林则徐虎门销烟，龚自珍请求同去。出于种种考量，林则徐最终拒绝了龚自珍的好意。面对林则徐的拒绝和当时所处的困境，龚自珍一纸辞呈递上，结束了自己的官场路，踏上了回乡之路。一路上他沿路作诗，一共作了三百一十五首，他给这一组诗起名为《己亥杂诗》。

龚自珍最有名的诗句当数“我劝天公重抖擞，不拘一格降人材”，但并不是每个人都知道这首《己亥杂诗》的附注诠释的写作背景：“过镇江，见赛玉皇及风神、雷神者，祷祠万数。道士乞撰青词。”意思是龚自珍路过镇江时，刚好遇见一个祭祀玉帝的大会。主持大会的道士认识龚自珍，求他作了这首青词。青词道士们做道场时献给“天神”的奏章祝文。明朝权臣严嵩的儿子严世番，就是靠写辞藻华丽但言之无物的青词起家的。而龚自珍这首随手之作，格调之高，立意之远，大有震天撼地之感，它针砭时弊，当得上千年来青词当中极其少有的传世之作。那么，天才诗人龚自珍有着怎样的成长故事呢？

龚自珍出身于书香世家，从小开蒙早，算是神童级人物。八岁起学习研究《经史》《大学》。十二岁跟从清代著名训诂学家、经学家的姥爷段玉裁学《说文》，同时，在文学上，也展现出创作才华。十三岁作《知觉辨》。十五岁诗集编年。十八岁倚声填词，乡试中试副榜第二十八名。按说前途应一马平川，可之后一再落榜。

一再落榜或许与其桀骜不羁又直言的个性有关，坊间的两个传闻足以说明。

第一则出自《说龚定庵》："乙丑，龚卷落王中丞房，阅头场第三篇，以为怪，笑不可遏。隔房温平叔侍郎闻之，索其卷阅，曰：'此浙江卷，必龚定庵也，性喜骂。如不荐，骂必甚，不如荐之。'王荐而得隽。"这则故事说的是龚自珍以骂人闻名，会试的考官王植

高分句子铺

海纳百川，有容乃大；壁立千仞，无欲则刚。

——[清]林则徐题自勉联

海到尽头天作岸，山登绝顶我为峰。如日东山能再起，大鹏展翅恨天低。——[清]林则徐《出老》

青山不墨千秋画，绿水无弦万古琴。

——[清]林则徐《林则徐全集》中的一副对联

怕被骂，于是录取了他。这当然是个笑话，足见龚自珍中举前就以直言闻名。

第二则故事说的是龚自珍字丑，解释了龚自珍为何在后面的殿试落榜。其实真正的原因是他在殿试的对策中模仿王安石《上仁宗皇帝言事书》，撰写了《御试安边抚远疏》，议论新疆平定准噶尔叛乱后的善后治理，从施政、用人、治水、治边等方面提出改革主张。他"胪举时事，洒洒千余言，直陈无隐，阅卷诸公皆大惊"。主持殿试的大学士曹振镛是个有名的"多磕头、少说话"的三朝不倒翁，为了不惹祸上身，他以"楷法不中程"即字写得太差为由，没有将龚自珍列入优等，这让龚自珍与进入翰林院的机会失之交臂。

据说龚自珍殿试失利之后，对此愤愤不平，回到家中让妻女苦练书法，后来果然个个精通楷书，尤其是妻子何颉云书法尤佳。这听起来难免有些辛酸的荒诞感，诗人用这种方式表达对朝廷取士不良风气的抗议，也折射出一个时代的荒诞与愚昧。

热考微阅读

原来古代人是这样退休的

古人做官到一定年龄要自觉引退，这不仅是官吏制度要求，更是一种不留恋富贵、为有能力的后进让出机会的德行。《礼记·曲礼（上）》中说“大夫七十而致事”，即在周代就规定了七十岁退隐，并为后世沿用。到了明代，朱元璋对人事制度进行调整，“命文武官员六十以上者，皆听致仕”，将退休年龄提前到了六十岁，后又将中下级官吏的退休年龄提前到了五十岁。明成祖朱棣登基后又恢复了七十岁退休的古制，此后有所反复，但基本是在六十岁以上。

其中也有一些特殊情况，如“内退”，指主动提出退休辞官的官员没有年龄限制，龚自珍就是因为长期沉沦下僚、志不得伸而被迫辞官。还有多次“乞骸骨”，要求回老家安度晚年而不得，被皇帝“延迟退休”的老臣——元代的郭守敬，八十六岁卒于任上。“学成文武艺，货与帝王家”可以说是入仕求进者的理想，而帝王不“买账”，也就只能像龚自珍一样归隐田园，或著书立说，或设馆讲学，求进于别路了。

文天祥：从今别却江南路，化作啼鹃带血归

过零丁洋

[宋] 文天祥

辛苦遭逢起一经，干戈寥落四周星。
山河破碎风飘絮，身世浮沉雨打萍。
惶恐滩头说惶恐，零丁洋里叹零丁。
人生自古谁无死？留取丹心照汗青。

真题面对面

【2022年海南中考试题】

阅读文天祥《过零丁洋》，完成问题。

（1）本诗领联运用了__________和__________的修辞手法，真实地反映了当时的社会现实和诗人的人生遭遇。

（2）紧扣诗句“人生自古谁无死？留取丹心照汗青”，说说你对爱国主义精神的理解。

提分知识点

“惶恐滩头说惶恐，零丁洋里叹零丁”，惶恐滩、零丁洋在哪里？惶恐滩是赣江十八险滩之一，1277 年文天祥抗元失败，带领部队撤回宋端宗所在的福建时路过此地，这里是诗人对往昔的回忆。零丁洋又叫伶仃洋，是珠江入海口的一片水域，1278 年年末文天祥在广东被俘，押送途中经过零丁洋，这里是今日之景。前一次做了败将，这一次沦为囚徒，加上地名的巧合，激起文天祥内心的悲愤。

硬核金素材

人物干货

文天祥，初名云孙，字宋瑞，宋末政治家、文学家、爱国诗人。

少有的美男子

似乎少有人知晓，历史上的文天祥是个少有的美男子。《宋史》惜字如金，也忍不住空出一行来写他的颜值：“体貌丰伟，美皙如玉，秀眉而长目，顾盼烨然。”

年少的文天祥首次入试便拔得头筹，被冠以“天才”的头衔，还有一颗想要改变政治格局的心，进入官场后敢于直谏，却屡遭小人算计，于中年生出归隐之心，在江西老家建造了一栋“大别墅”，专心过起了享乐的日子。到此时，文天祥顶着的仍旧是“美貌状元郎”的称号。

直到国难临头，元兵进犯，文天祥变卖家产组织义军，以一介文官的身份披上盔甲上阵杀敌。这场战争中，他的母亲和唯一的儿子都失去性命，被俘之后他写下《过零丁洋》，悲壮中难掩绝望，元军大船上，他眼睁睁地看着大臣陆秀夫背着幼帝投海自尽，那一刻，他拼命守护的大宋江山也不复存在了。而后在元朝的四年劝降中，文天祥始终只有一句：一死之外，没什么可做的。

前半生的文天祥，是满身荣宠甚至纵情享乐的美男子，《宋史·文天祥传》中记载：“天祥性豪华，平生自奉甚厚，声伎满前。”后半生他身披战甲，慷慨赴死。

《宋史》中记载了年幼的文天祥：“见学宫所祠乡先生欧阳修、

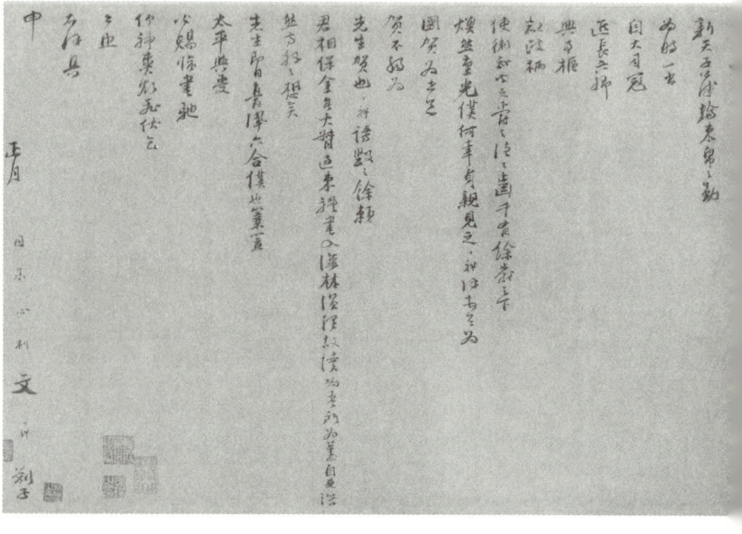

正所谓“字如其人”，文天祥的字（《上宏斋帖》）“清疏挺竦，风格秀劲”，就如同他高洁的人品一样

杨邦乂、胡铨像，皆谥‘忠’，即欣然慕之。曰：‘没不俎豆其间，非夫也。’”如果不能成为欧阳修那样以忠字为先的人，便不是大丈夫。文天祥做到了。

一心向“南”

1276年，文天祥从元兵手中逃了出来，隐姓埋名，颠沛流离，好不容易上了艘船，他的心里只有一件事：回家。沿直线火速南下是最快的，可四周全沦陷了，他只得绕道北海，辗转中坐上了去往福建的船，稍微安定下来，想着自己这条捡回来的命，看看身后任人蹂躏的国土，心如刀绞，于是他提笔作出数诗，并把《扬子江》的最后一句“不指南方不肯休”作为诗集的名字《指南录》。除了国事，这本诗

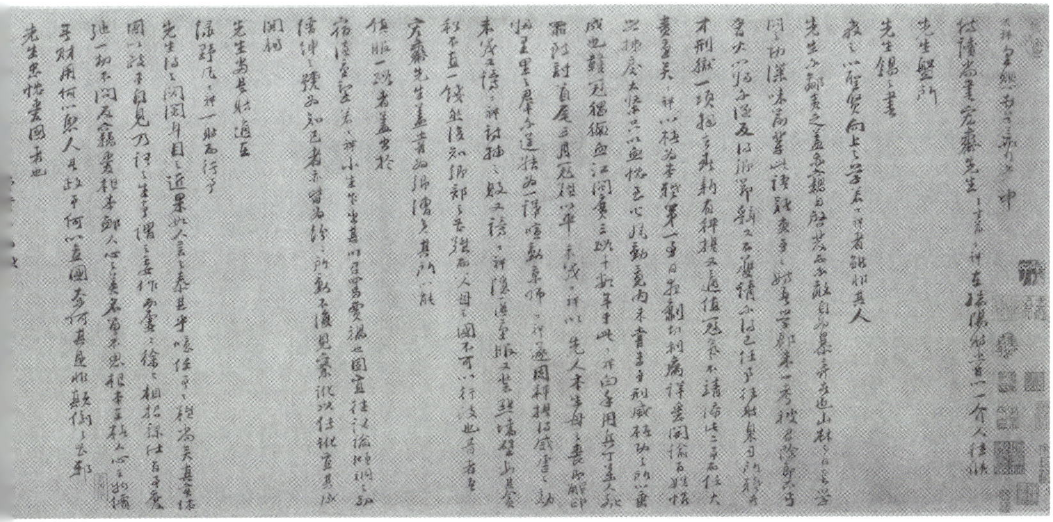

集未提其他事；除了南归，文天祥没有其他心思。

他在《指南录后序》里计算跟死神擦肩而过的次数：喝骂元军首领时，应该死了；与人争论是非曲直，应该死了；从京口逃出来时多遇不测，应该死了；被真州驱逐，很想自杀；在荒山野岭中躲避元人骑兵，若是被抓回去，也是一死……数着数着，口气越来越淡漠，好像在数自己吃了几顿饭。其实痛苦过后的追思，无异于二次创伤。“呜呼！予之生也幸，而幸生也何为？”他感激生命，却将个人生死置之度外，这次重生，他把自己完全交付给国家，毫无保留。彼时的南宋王朝，连在临安城歌舞升平都做不到了，节节败退，勉强在福州落脚，而元朝的铁骑还在逼近。

文天祥一刻也没有耽误，到福州投奔新皇帝宋端宗，参军入伍，再次北伐。每次翻阅《指南录》都会感到惊讶：面对一次次的磨难、一句句的羞辱，他怎么能如此长久地保持愤怒、守住初心？黄宗羲说“慷慨赴死易，从容就义难”，当他游走在生死边缘，大概也知道，如果死在南归的途中，会更轻松地赢得身后名。大厦将倾，君主软弱，他比谁看得都清楚。只是他更知道，家在南方，南方有光，有光就不能放弃希望。

绝笔《衣带赞》

文天祥被俘后被押到大都（今北京），已经夺取中原的忽必烈召见他，文天祥以外臣之礼长揖不跪，对元世祖以宰相之位相邀婉言谢绝。最后，忽必烈问："汝何愿？"文天祥对曰："天祥受宋恩，为宰相，安事二姓？愿赐之一死足矣。"忽必烈明白，文天祥是"如虎兕在柙，百计驯之，终不可得"。

文天祥知道自己死期已到，如释重负。他从容地写了两首绝命诗，又写了一篇《衣带赞》，藏于腰带间。第二天，文天祥被押往大都城北的柴市口（今北京东城区交道口）处斩。行刑前监斩官说投降免死，文天祥只是淡淡地问南方在哪里，随后"南乡拜而死"，慷慨就义。数日后，文天祥的妻子欧阳氏前来收尸，在文天祥的衣带中发现了那篇《衣带赞》。其词曰："孔曰成仁，孟曰取义，唯其义尽，所以仁至。读圣贤书，所学何事，而今而后，庶几无愧。"

正如罗曼·罗兰在《米开朗琪罗传》中所写的那样："世界上只有一种真正的英雄主义，那就是认清了生活的真相后还依然热爱它。"末世英雄身上之所以有更浓重的悲剧色彩，大概也是因为这种"明知不可为而为之"的勇气吧。

高分句子铺

青春岂不惜，行乐非所欲。——[宋]文天祥《山中感兴》

壮心欲填海，苦胆为忧天。——[宋]文天祥《赴阙》

时穷节乃见，一一垂丹青。——[宋]文天祥《正气歌》

独有一言愿献于君者，曰"行"。

——[宋]文天祥《题戴行可进学斋》

热考微阅读

从古诗词里看古代打仗工具

我们在阅读古诗词，特别是边塞诗词的时候，经常会看到一些比较特别的意象，比如铠甲、号角、刀剑等，这些都是与打仗有关的东西。很难想象，在冷兵器时代，古人是如何打仗的？打仗的时候又需要准备什么呢？我们可以尝试在古诗词中找答案。

我们在《木兰诗》里知道木兰代父从军前的准备工作是“东市买骏马，西市买鞍鞯，南市买辔头，北市买长鞭”，这里就出现了马、鞍鞯、辔头、长鞭等工具。除此之外，辛弃疾在《破阵子》中提到了剑和弓，杜牧在《赤壁》里提到了戟，陆游在《金错刀行》中提到了刀，苏轼在《赤壁赋》里提到了槊。

打仗当然少不了战袍和宝刀，唐代诗人马戴在他的《出塞词》里就写有“金带连环束战袍”，而“诗仙”李白在《胡无人》中则提到了金甲，“虏箭如沙射金甲”。除了这些，还有矛、盾牌、箭矢、戚、殳（shū）、战鼓、号角等。

不过在古诗词中出现最多的兵器是剑，而不是弓、刀、箭。因为在古代，剑被称为“百兵之君”，是一种地位比较高的武器。在先秦后的著作中常有宝剑出现，《越绝书》里还记载了两国为一把宝剑开战的故事。在古人心中，剑是一种比较神圣的武器，宝剑要配英雄，而且要行正义，具有一定的人格意义，因此备受文人推崇。

曹操：写《短歌行》的时候，他在想什么

赤　壁

［唐］杜　牧

折戟沉沙铁未销，
自将磨洗认前朝。
东风不与周郎便，
铜雀春深锁二乔。

真题面对面

【2021年山东德州中考试题】

阅读杜牧的《题乌江亭》与《赤壁》两首诗，完成下列小题。

1. 两首诗都是怀古诗，《题乌江亭》涉及的历史人物是__________，《赤壁》诗中的铜雀台是为______所建。

2. 两首诗议论战争成败之理，诗人分别提出了怎样的假设性推想？

3. 两首诗观点不落窠臼，分别表现了诗人怎样的思想？

提分知识点

建安十三年（208 年），孙权、刘备联军与曹操在赤壁（今湖北武汉西南赤矶山，一说今湖北赤壁西北）进行了一场争夺汉鼎的大战，这就是有名的“赤壁之战”。赤壁之战是中国历史上以少胜多、以弱胜强的著名战役，是中国历史上最经典的战役之一。

曹操击败袁绍后，想要乘势追击，率二十三万大军顺长江东进，击败孙权，统一天下。当时处于弱势的刘备与孙权结盟抗衡曹操。孙权任周瑜为主帅，联合刘备军队，共约五万人沿着长江西进，抗击曹军。两军对峙于赤壁。当时曹军从北方而来，曹操采纳建议，将战船首尾相连、结为一体，便于演练水军，却不知这是孙刘联军的计谋。周瑜采纳部将黄盖的火攻计，让黄盖诈降曹操，曹操中计。黄盖诈降时率军船顺风冲入曹军水寨纵火。曹军船阵被烧，火势延及岸上营寨。曹操损失惨重，率部队撤退。孙权和刘备乘胜追击，占领荆州要地。于是，三国鼎立的局面初步形成。

杜牧的《赤壁》在咏史诗中占有一席之地。“东风不与周郎便，铜雀春深锁二乔”写的是假如东风没有遂了周瑜的意愿，那么结果应该是曹操胜利，而二乔也会被曹操关进铜雀台吧。关于曹操的评价，历来争论很多。但不可否认的是，曹操一生，逐鹿中原，饮马江汉，横槊赋诗，文韬武略，配得上“枭雄”二字。接下来，我们来聊聊曹操的文学成就。

硬核金素材

人物干货

曹操，字孟德，小字阿瞒，沛国谯县（今安徽亳州）人。

愿做伯乐，接纳天下的千里马

短歌行

［东汉］曹　操

对酒当歌，人生几何！譬如朝露，去日苦多。慨当以慷，忧思难忘。何以解忧？唯有杜康。青青子衿，悠悠我心。但为君故，沉吟至今。呦呦鹿鸣，食野之苹。我有嘉宾，鼓瑟吹笙。

明明如月，何时可掇？忧从中来，不可断绝。越陌度阡，枉用相存。契阔谈讌，心念旧恩。月明星稀，乌鹊南飞。绕树三匝，何枝可依？山不厌高，海不厌深。周公吐哺，天下归心。

曹操慷慨而歌，抒发心中年华逝去之伤与求贤若渴之情，体现出在政治上的谋略与雄心。这首诗的创作时间有多种说法。一是在苏轼《赤壁赋》中提到“‘月明星稀，乌鹊南飞’，此非曹孟德之诗乎……方其破荆州，下江陵，顺流而东也，舳舻千里，旌旗蔽空，酾酒临江，横槊赋诗，固一世之雄也，而今安在哉”，《三国演义》根据“横槊赋诗”，称曹操在赤壁之战前吟诵过这首《短歌行》，时间在建安十三年（208年）末。二是求贤说，出自张可礼《三曹年谱》：“抒发延揽人才之激切愿望，盖与《求贤令》作于同时”，时间在建安十五年（210年）。

诗歌前四句围绕着一个“忧”字展开。诗人一边喝酒一边高歌，感叹人生短暂，青春就如同早晨的露水一样转瞬即逝，实在苦于逝去的时日太多。此时本应慷慨而歌，但忧伤难以忘却。什么能帮我排解忧愁？唯有痛饮杜康酒了。诗人感叹时光匆匆，霸业未成就已不再年轻。但酒并不能消愁，那什么能消愁呢？下面四句是答案：穿着青衫的学子啊，你们悠悠地牵着我的心，只因为你，我在此沉吟。这里直接摘录《诗经·子衿》，用“青衿”借指有识之士，指出本诗的宗旨在于“求才”。接着引用《诗经·鹿鸣》：呦呦叫的小鹿，吃着田野上的蒿草。好宾客在我这儿，一定要弹瑟吹笙来庆祝。这里委婉含蓄地表现出曹操的态度：只要是贤才来辅佐我，我一定以礼相待。由此可以看出，这其实是曹操的“求贤令”。

接下来，诗人感叹：我何时才能摘取明月啊？人才难得如揽月，这让我陷入不可断绝的忧愁之中。多么希望远方的宾客能顺着田间小路，屈尊来探望我，久别重逢谈心宴饮，我念着往日的恩情。后四句是诗人思绪飘荡的写照。月光明亮，星光稀疏，乌鹊南飞绕树三周却无枝可栖，比喻三国鼎立的时代，人才无人赏识，不知何去何从。山再高也不嫌高，海再深也不嫌深，我愿意招揽更多的人才，就像周公一样，三次吐出口中饭，迫不及待地去接待贤士，使天下贤才都心悦诚服地归顺。最终诗歌情调又转向高昂。

此诗借古体格式，多处用典、暗喻，不直指国事却又处处暗指，既有文人的典雅风韵，又具政治家的雄韬伟略，有极高的艺术鉴赏性。

曹操与《诗经》

作为政治家，曹操在文学、书法、音乐等方面都有很高的修养。他的文学成就主要表现在诗歌上。曹操的诗歌今存二十多篇，全部是

曹操的文学成就主要体现在诗歌上，其散文也很有特点

乐府诗体。其诗歌内容大体上可分三类：一类是关涉时事的；一类是以表述理想为主的；一类是游仙诗。

在艺术风格上，曹操的诗歌朴实无华、不尚藻饰，主要以感情深挚、气韵沉雄取胜。在诗歌情调上，主要特色是慷慨、悲凉，这虽是建安文学的共同基调，但在曹操的诗中表现得最为典型、最为突出。

在诗歌体裁上，曹操的乐府诗不照搬汉乐府的成规，而是有所发展，运用旧题抒写了全新的内容。同时，他开创了以乐府写时事的传统，影响深远。

在建安文学所起到的建设性作用上，曹操也有着不可替代的作用。事实上，建安时期的主要作家，无一不同他有着密切的关系。曹丕、曹植是他的儿子，“七子”及蔡琰等都托庇于他。

曹操的诗，情感饱满，但往往不喜直言其事，一番婉言曲语，一系列喻体，读者要结合写诗的背景来猜测本体为何物，而这比喻往

高分句子铺

九合诸侯，一匡天下。——[东汉]曹操《短歌行》

狐死归首丘，故乡安可忘！——[东汉]曹操《却东西门行》

日月之行，若出其中；星汉灿烂，若出其里。

——[东汉]曹操《观沧海》

老骥伏枥，志在千里；烈士暮年，壮心不已。

——[东汉]曹操《龟虽寿》

往十分浅切生动，一猜就透，比如《短歌行》里的青衿、乌鹊，《龟虽寿》里的神龟和老马，《观沧海》里的洪波、日月、银河，好像说什么事前都要加个有趣的修辞——欲言此物，先言他物。这就是《诗经》所开创的“比”“兴”手法。

据统计，曹操的作品一共引用《诗经》二十六次，或引用某个意象，或引用原句，或引用《诗经》篇目的主旨。这些引用都是有感而发，为了不同的主题而服务，同时注入自己对《诗经》的理解。《短歌行》联系巧妙，把对贤才的仰慕说成犹如青年男女热恋时的思念之情，把自己承诺礼遇贤才比喻成小鹿呼唤同伴食苹的友爱场景，另类地表达了自己的政治意图，显得清新、真挚。正如钱大昕所说：“或又疑《生年不满百》一篇檃栝（yǐnkuò）古乐府而成之，非汉人所作，是犹读魏武《短歌行》而疑《鹿鸣》之出于是也，岂其然哉？”看《短歌行》，让人以为《诗经》中的《鹿鸣》反倒是出自它，可见化用之纯熟。

传统的经学研究中，对《诗经》总是从诗小序上着眼，或“美”或“刺”，认为任何字词都是政治的附庸。先秦时期的政治交往中，“赋诗言志”是一项基本技能，朝堂之上，吟《无衣》一定是说政治联盟，诵“河水”一定是表示归顺。以曹操为首的建安文人，能够从审美意趣上自由摘取《诗经》，自觉进行语词的锤炼，为自己所用，是文学的一大进步。

热考微阅读

三国时期的名马你知道几匹

三国鼎立，风云变幻，英雄辈出，他们的传奇故事中，也少不了跟随他们南征北战的骏马。

骏马们以矫健的身姿、非凡的“性能”和忠诚的事迹而声名显赫。

赤兔马，本名“赤菟”，“赤”指通体火红，无一杂毛，“菟”意为老虎，指壮硕强悍如虎。赤兔马由董卓从西域带回，后传给吕布、曹操、关羽。关羽乘着它斩文良、诛文丑，如虎添翼。

的卢马，又叫“的颅”，额前有白色菱形毛发，眼下有泪槽，特点是灵动矫健。古代相马著作《相马经》认为此马克主。刘备的的卢马但在情急之下，纵身跃过数丈宽的檀溪，使刘备摆脱追兵，也成就了“忠马护主”的美名。

绝影马、爪黄飞电，这两匹马是曹操的坐骑，来自波斯。“绝影”是说此马奔驰不见踪影，一骑绝尘，在宛城之战中身中三箭仍背负曹操渡过赤水河，随即牺牲；“爪黄飞电”通体雪白，四蹄金黄，势如闪电，曹操爱其非凡气质，故多在打猎、庆功时骑乘。

李绅：除了两首《悯农》，他还有一首诗更经典

悯农·其一

［唐］李　绅

春种一粒粟，秋收万颗子。

四海无闲田，农夫犹饿死。

真题面对面

【2019届上海长宁区中考一模试题】

白居易《卖炭翁》用“____________，____________”这一反常心理写出了卖炭翁生活的艰难凄苦；而宋人张俞《蚕妇》一诗中则用“遍身罗绮者，不是养蚕人”这一现象来控诉不劳而获、劳而不获的不公。这些诗句都表达了诗人们________________。

提分知识点

《悯农》共二首，是唐代诗人李绅针对当时农民因遭受严苛剥

削，生存艰难，而统治阶级奢侈挥霍而作的讽刺诗。第二首“锄禾日当午，汗滴禾下土。谁知盘中餐，粒粒皆辛苦”与本诗一同广为传唱，成为唐诗宝库中的瑰宝之一。诗人通过这两首诗，既表达了对劳动人民的敬重和赞美之情，也表达了对统治阶级的憎恶。而在此诗背后，是诗人一颗怜悯贫苦大众的善良之心。

硬核金素材

人物干货

李绅，字公垂，唐朝宰相、诗人。

“真金不镀”一词的由来

“真金不镀”，即真的黄金上用不着再镀金，比喻有真才实学的人用不到装饰。那么，“真金不镀”一词究竟是如何来的呢？

“真金不镀”这个典故的主角是李绅和章孝标。中唐诗人章孝标，连考了近十年进士，未能得中。心灰意冷之际，他于大雪天出游解闷，碰到了时任淮东节度使的李绅，李绅对其诗作大加赞赏。后来，章孝标终于进士及第。在欣喜之中，章孝标写了《及第后寄广陵故人》一诗，赠送给当年赏识并推荐过自己的李绅：

及第全胜十政官，金鞍镀了出长安。
马头渐入扬州郭，为报时人洗眼看。

此诗的意思是：进士及第比当了大官还要光荣，这等于将我的马鞍镀上了金，我乘着它出了长安。当我的马渐渐走近扬州城时，早点让扬州的人们知道，让他们洗净眼睛来观看我这新进士的风采。

李绅看完后，写了《答章孝标》诗诫勉章孝标，让他不能心生傲气，而要继续努力积累知识：

假金方用真金镀，若是真金不镀金。

十载长安得一第，何须空腹用高心。

诗的前两句直接进行说理：“假冒的黄金才需要真金去镀，如果是真金就不用镀了。”这里用比喻手法揭示了一个普遍的道理：世间只有虚假的东西才需要外在的包装和吹捧，如果东西真正美好，那就用不着外在的过度吹捧和包装了。后两句则承接前两句，只是落实

高分句子铺

夫君子之行，静以修身，俭以养德。——[三国]诸葛亮《诫子书》

强本而节用，则天不能贫。——[战国]荀子《天论》

众人皆以奢靡为荣，吾心独以俭素为美。

——[宋]司马光《训俭示康》

一粥一饭，当思来之不易；半丝半缕，恒念物力维艰。

——[宋]朱熹《朱子家训》

历览前贤国与家，成由勤俭破由奢。

——[唐]李商隐《咏史二首·其二》

于现实生活中："通过十年的勤奋学习终于在长安科考中取得一第，哪里还用得着以没有知识积累的一腔空腹去考虑那些遥不可及的志向呢？"这说明了本诗的写作初衷是勉励章孝标继续勤奋学习，即使已经在科举考试中取得好成绩，依旧要积累真才实学，而不是好高骛远，去空想那些不切实际的事情。

这首诗语言浅白，表意清晰，容易理解，指事明确，应和当时白居易、元稹发起的新乐府运动所提倡的"歌诗合为事而作"的宗旨，是体现李绅新乐府运动重要参与者之身份的一首诗作。

《悯农》为何流传千古

关于诗歌的作用，历来存在许多争议。一种观点认为，诗歌就是作者内心思想感情的反映，具有很强的私人性和独立性，只要能够表达自己当时当地的情感就可以了，不必去理会其他东西；另一种观点则认为，诗歌被创作出来是要呈现给读者的，如果不能引起读者的共鸣，只是作者自己抒发感情的工具，那就算不上合格的作品。支持这两种观点的学者争论不休、互不相让。

实际上，这两种观点并不是尖锐对立、不可调和的。一方面，诗歌一定要表达作者真实的情感和体悟，不然其文辞一定是生硬干瘪、虚假空洞的，不能打动别人；另一方面，诗歌一定要注意其社会影响和价值，如果不能被人们理解，只是写"个人文学"，这样的作品是不能流传久远的，也就注定了其创作的失败。文学可以不被所有人理解，但一定不是作者个人的独角戏。

李绅的《悯农》在文采方面并不是唐诗中最出色的，但其地位和价值是不容忽视的，原因就在于它能够兼顾以上两点。诗人在创作过程中心怀对贫苦百姓的怜悯和博爱，然后将这种发自私人的情感以非常通俗简明的文字抒发出来，使人人能够理解，人人都能产生共鸣，从而增强了诗歌的社会影响，这对我们今天的文学创作具有重要的借鉴意义。

热考微阅读

明经易考，进士难得

唐代是科举考试制度的初创期，各项规定还不完善，形式比较多样且灵活。唐代的科举考试科目有明经、进士、明法、明字、明算等，分别侧重于考查考生对儒家经典、时事策论、法律条文、书法字迹、数字计算的掌握程度。其中最受人们重视的是明经和进士。相比之下，明经只需熟悉儒家经典，能够背诵经文和注释就可达到标准，算是比较容易的。而进士科后来还要求考生的诗赋达到一定水平，需要一定的文学才能和见识，难度很高。所以当时有诗说：“三十老明经，五十少进士。”这说明进士考试难度之大，寒窗十载都不能成功是很正常的。

岳飞与戚继光：名将的结局大多凄凉

莫等闲，白了少年头，空悲切。

——岳飞

真题面对面

【2015年高考北京卷试题】

在中华民族发展的历史长河中，从古至今有无数英雄人物：岳飞、林则徐、邓世昌、赵一曼、张自忠、黄继光、邓稼先……，他们为了祖国，为了正义，不畏艰险，不怕牺牲；他们也不乏儿女情长，有普通人一样的对美好生活的眷恋。中华英雄令人钦敬，是一代又一代中华儿女的榜样。

请以“假如我与心中的英雄生活一天”为题，写一篇记叙文。

提分知识点

在人教版五年级下册语文课本中出现了岳飞的这句名言，此句出自《满江红·写怀》一词。他想到自己三十年的赫赫功名，不过是卑微的尘埃；八千里的南征北战，经历了多少日月更替。面对民族的危难，个人的荣辱是那样渺小，而今年华逝去，他感叹：千万不要虚度光阴，否则等到白头就徒增悲伤。这既是勉人，也是自勉。

硬核金素材

人物干货

岳飞，字鹏举，相州汤阴（今属河南）人。南宋时期军事家、战略家、书法家、诗人，位列南宋“中兴四将”之首。

戚继光，字元敬，号南塘，明朝抗倭名将，杰出的军事家、书法家、诗人。

岳飞血染风波亭

满江红·写怀

[宋] 岳　飞

怒发冲冠，凭栏处、潇潇雨歇。抬望眼，仰天长啸，壮怀激烈。三十功名尘与土，八千里路云和月。莫等闲，白了少年头，空悲切！　　靖康耻，犹未雪。臣子恨，何时灭？驾长车，踏破贺兰山缺。壮志饥餐胡虏肉，笑谈渴饮匈奴血。待从头，收拾旧山河，朝天阙。

岳飞，少时聪慧好学，十五岁开始学习武艺，二十岁参军投身于抗金护国的队伍。一次，岳飞正带兵操练，金兵突然偷袭，众人都很慌乱，唯有岳飞十分镇定，带领士兵击败了数量众多的敌军。经此一战，岳飞声名鹊起，入开封府尹宗泽麾下。

宗泽见岳飞战绩卓越，便将他提拔为东京留守统制。后宗泽去世，杜充代宗泽为东京留守。杜充是一个胆小怕死之人，金军来袭，他竟反叛投降。岳飞只好集结各路义军共同抗金，这支军队所向披靡，击退金兵，被称为“岳家军”。古典小说《说岳全传》这样写道：岳家军一直恪守“冻死不拆屋，饿死不掳掠”的严格军纪，并且训练有素，作战英勇，因此金兵队伍里流传着“撼山易，撼岳家军难”之语。

岳飞认为应该趁势收复中原，向宋高宗提出收复之策，但宋高宗一心求和，对岳飞此举表示怀疑。岳飞一气之下辞职回乡，为母守孝，感慨“靖康耻，犹未雪。臣子恨，何时灭”。

然而不久后，金军撕毁合约，再次进攻，宋高宗只好召回岳飞，在岳飞打了几场胜仗之后就命岳飞撤军还朝。宋高宗一天之内，以安民为借口，连下十二道金牌，迫令岳飞退兵。君命不可违，岳飞望天慨叹：“十年之功，废于一旦！”召回岳飞之后，宋高宗直接威胁当时主战的三大统帅张俊、韩世忠、岳飞，表示他们如果功高震主，不听诏令，不仅子孙有难，自身也有不测之祸。之后，张俊为求自保，转而投奔秦桧主和，而韩世忠也选择明哲保身，闭门谢客。此时，奸臣秦桧向宋高宗进谗言，污蔑岳飞谋逆、心生不轨，宋高宗便将岳飞父子严刑逼供，不久后，在风波亭将父子二人秘密杀害。高宗驾崩后，

靖康之耻让岳飞一直胸怀收复河山的志向

岳飞才沉冤得雪，世人将他安葬在西湖旁，为他修建岳王庙，把秦桧的铜像放置在墓前，向岳飞赔罪。

在古代，战将的结局大多凄凉，这是因为他们手握重兵，最容易受到以皇帝为首的当权者的猜忌。提到岳飞，人们常将其与明代著名将领戚继光联系在一起。的确，虽然两人并非处于同一朝代，但却有很 多相似之处。戚继光是致敬岳飞的，他的部队就叫戚家军。

戚继光屡遭弹劾

人们都知道戚继光是明代抗倭名将，但很少有人了解戚继光在当时朝廷中的处境和他凄凉的晚景。在征战生涯中，戚继光曾数次被人弹劾，几起几落。《望阙台》一诗是戚继光在福建作战时所写：

十年驱驰海色寒，孤臣于此望宸銮。
繁霜尽是心头血，洒向千峰秋叶丹。

此时他被弹劾，东征西战却得不到皇帝的认可，但依然心系祖国，此诗表明了他的忠诚。这时他在政治斗争中落败，得不到朝廷的支持，登上高台望向自己的军队，内心孤苦无依，更加思念京城。前两句先是提起赫赫战功，再表明处境艰难，最后表忠心。接着他眺望四周秋景，浓霜染红了千山万壑的树叶，就如同自己的心血洒向大地一般，他将激烈的感情融入景色描写，彰显了自己多年来守卫国土付出的心血和忠贞不渝的报国之心。尽管戚继光遭受冷遇，但仍能看轻个人得失，看重社会责任。

他之所以屡遭弹劾仍旧能够带领军队在战场上驰骋，是因为当时朝廷的首辅张居正对他十分赞赏和支持。万历十年（1582 年），首辅张居正病故，反对派群起攻击张居正，戚继光也被诬陷为张居正的同党。以前被戚继光一手提拔起来的一些人也到处散布流言，企图取代戚继光的位置。

当时给事中张鼎思，竟然上疏说戚继光在闽浙一带抗倭有功，应该把他调往南方。而在此前，因为南方倭寇祸患平息，戚继光已经在北方抵御蒙古军队多年。不可思议的是，朝廷真的根据这条莫名其妙的理由将戚继光调到广东镇守。

戚继光一世忠贞，当然不可能违抗命令。但在此过程中，因为被当作张居正同党，戚继光的亲朋也受到牵连，弟弟戚继美被罢免官职，“老部下”浙江总兵官胡守仁也受到弹劾，继而被革职。

戚继光大受打击，从此闷闷不乐，在广东镇守没几年就向朝廷请求还乡养病。但戚继光戎马一生，积蓄很少，晚年生活非常贫寒，回到家乡没几年便因病而亡。

高分句子铺

寄意寒星荃不察，我以我血荐轩辕。——鲁迅《自题小像》

我自横刀向天笑，去留肝胆两昆仑。——[清]谭嗣同《狱中题壁》

为天地立心，为生民立命，为往圣继绝学，为万世开太平。

——[宋]张载《横渠语录》

热考微阅读

宋军的弓弩

宋军兵器以弓弩为主，弓弩兵在宋军中占六成以上。由于弓弩是主要兵器，所以宋朝时衡量一个人的武艺都是以臂力作为第一标准，即看能开多重的弓。当时士卒挽弓的最高纪录是二百七十宋斤（一宋斤约合一点二市斤），是春秋时期士卒挽弓力的几倍。而一些勇将则更加惊人，岳飞和韩世忠都可挽三百宋斤的弓。不过战时根本用不到这么重的弓，需要兼顾准确性，但这一点宋军非常不重视。而宋军的弩、弓是步兵和骑兵通用的，而弩只能步兵使用，因为弩一般要用脚力张开弩，故射程远，但弩的射击频率较低，从敌骑兵进入射程到短兵相接，只能发弩三四次。所以宋军有时会设张弩人、进弩人、发弩人，来减少发箭间歇。

谢灵运和谢朓："大小谢"的谢氏豪门二百年

答谢中书书

［南朝］陶弘景

山川之美，古来共谈。高峰入云，清流见底。两岸石壁，五色交辉。青林翠竹，四时俱备。晓雾将歇，猿鸟乱鸣；夕日欲颓，沉鳞竞跃。实是欲界之仙都。自康乐以来，未复有能与（yù）其奇者。

真题面对面

【2022年全国新高考Ⅰ卷】

李白常常称谢灵运为谢公，比如在"____________________，____________________"诗句中。

提分知识点

骈文是中华传统文学的重要组成部分，具有独特的审美价值。骈文于南北朝后期盛行一时，这篇课文多为四字骈句。

《答谢中书书》作者陶弘景，字通明，自号华阳隐居，南朝齐梁时道教思想家、医学家。文中第一个“书”指中书，是南朝时的官员称谓。谢中书，指陶弘景的朋友谢征，他曾担任中书舍人。第二个“书”即书信。古人的书信又叫“尺牍”或“信札”，是一种应用性文体。标题的意思是陶弘景给谢中书的一封信。

“自康乐以来，未复有能与其奇者。”谢灵运为陈郡谢氏士族，东晋车骑将军谢玄之孙，晋时袭封康乐公，故称“谢康乐”。这句话的意思是，自从南朝的谢灵运以来，就再也没有人能够欣赏这种奇丽景色了。陶弘景在字里行间将自己与谢灵运并论、引谢灵运为知己。

硬核金素材

人物干货

谢灵运，原名公义，字灵运，南北朝时期杰出的诗人、文学家、旅行家。

谢朓，字玄晖，陈郡阳夏（今河南太康）人，南朝齐诗人。

谢公屐

谢灵运是历史上一闪而过的流星，他留下了许多优秀的文学作品，开创了中国的山水派诗歌，成为令人崇拜的一个传奇。

山水诗，指描写山水风景的诗。中国的诗歌分很多流派，谢灵运代表的便是山水派诗歌。在山水派诗歌中，读者能够欣赏到祖国的大好河山，还能感受到诗人藏于其中的清丽和美好。

中国山水派诗歌的开创者谢灵运生于南北朝时期，但南北朝是一个相对混乱的时期，不过当时的风气非常开放，如此极端的两种状态相互交织。

读谢灵运的诗，时常会产生一种错觉，认为他是一个非常朴素、并且过着悠闲生活的人。但现实生活中，谢灵运非常向往奢华的生活作风，不管是他坐的马车还是穿的衣服，甚至他的生活习惯都可以用“华丽”二字形容，但这完全不影响其文学作品的清新脱俗。

因为有着非常高的文学天赋，谢灵运顺利进入官场，但在自己原本效忠的政权独立之后，他遭到很多人的排斥和诋毁。谢灵运心思单纯，只想过好自己的人生，毫不在意外界的诋毁，但最终因为得罪同僚和贵胄过多，被宋文帝以“叛逆”罪名杀害。

谢灵运也是中国古代的旅游家，他将大部分时间花在旅游上，在旅游的过程中创作了大量的山水诗文。比如《石壁精舍还湖中作》，此诗是谢灵运山水诗中的名篇。

石壁精舍还湖中作

[南北朝]谢灵运

昏旦变气候，山水含清晖。

清晖能娱人，游子憺忘归。

出谷日尚早，入舟阳已微。

林壑敛暝色，云霞收夕霏。

芰荷迭映蔚，蒲稗相因依。

披拂趋南径，愉悦偃东扉。

虑澹物自轻，意惬理无违。

寄言摄生客，试用此道推。

为了探险旅游，谢灵运发明了“登山鞋”——谢公屐。谢灵运发明的谢公屐是用木头制成的，鞋底安装有两个木齿，上山的时候去掉前齿可以防止后翻，下山的时候去掉后齿可以防止前扑，成为很受古人欢迎的登山装备。

连李白都是他的粉丝——谢朓

南朝世家大族谢家，出过两位有名的文学天才，一位是谢灵运，一位是谢灵运死后三十年左右出生的谢灵运的后族——谢朓，历史上称二人为“大小谢”。

谢朓出身于名门望族，字玄晖，父亲谢纬官至正员郎，母亲是宋武帝的女儿长城公主。从小谢朓就好学不倦，文章写得清新俊丽，特别是山水诗。与谢灵运诗词的富艳精工、典丽厚重的特点颇为不同，谢朓的山水诗以清新流利、较少繁芜词句和玄言的特点著称。

谢朓正直忠君，宋明帝建武时期，他的岳父王敬则谋反，谢朓知晓后将此事密告明帝，王敬则被斩首。后来谢朓的妻子知道是谢朓告发的，便心怀怨恨，多次持刀向他报仇，谢朓只得想方设法避而不见妻子。

山水田园诗的主要特点是“一切景语皆情语”，诗人笔下的山水田园景象都融入了其主观情愫，或借景抒情，或情景交融

一生中，谢朓吸粉无数。梁武帝就说过：“三天不读谢朓的诗，就觉得口臭。”而晚于谢朓二百多年出生的“诗仙”李白在自己的诗文中就对偶像谢朓表白了十几次，在《秋登宣城谢朓北楼》中有“谁念北楼上，临风怀谢公”；在《金陵城西楼月下吟》中有“解道澄江净如练，令人长忆谢玄晖”；在《谢公亭·盖谢朓范云之所游》中有“谢公离别处，风景每生愁”。清代王士祯《论诗绝句》中写道：

“青莲才笔九州横……一生低首谢宣城。”这说的便是说南朝诗人谢朓对唐代诗人李白诗歌创作上的影响。

宣州谢朓楼饯别校书叔云

［唐］李　白

弃我去者，昨日之日不可留；
乱我心者，今日之日多烦忧。
长风万里送秋雁，对此可以酣高楼。
蓬莱文章建安骨，中间小谢又清发。
俱怀逸兴壮思飞，欲上青天揽明月。
抽刀断水水更流，举杯销愁愁更愁。
人生在世不称意，明朝散发弄扁舟。

谢朓楼是谢朓任宣城太守时在城北的陵阳山上修建的，有两层高，四角翘起，是典型的江南建筑，登楼可见苍松翠柏，宣城之景朦朦胧胧。753 年，李白来到谢朓楼上送别担任校书郎的叔叔李云。“蓬莱文章建安骨，中间小谢又清发。”李白仰慕谢朓的才华，于此句中自比小谢，认为自己的诗文与谢朓一样，清新飘逸。

“少女怀春”的由来

说起谢朓，就不得不提他的《王孙游》，我们非常熟悉的这首诗歌作品：“绿草蔓如丝，杂树红英发。无论君不归，君归芳已歇。”

《王孙游》写了少女怀春，表达的是年轻的女孩儿对美好爱情的向往。

在古代，就有很多诗词作品表达青年男女对爱情的美好向往，其中最广为人知的是《诗经》中的《关雎》一篇。“关关雎鸠，在河之洲。窈窕淑女，君子好逑”写的便是男女约会时的芳心萌动。唐人郭震的《春江曲》和宋人乐府《子夜四时歌》都描写了春日融融，困锁深闺的女子，在春光明媚的日子里期待爱情的来临，与心上人约会，共度美好时光。

《诗经·召南·野有死麕（qún）》中有一句：“有女怀春，吉士诱之。”晋代陆机在《演连珠》中写道：“幽居之女，非无怀春之情。”清代纳兰性德在《五色蝴蝶赋》中也有一句：“荡子之妻见悠扬而兴惋，怀春之女对夹柏而含酸”。“少女怀春”这四个字，也是由此而来。

不过，“少女怀春”这个词真正流行起来，是因为郭沫若翻译的一句歌德的诗歌：“哪个少女不怀春，哪个少男不钟情？”

高分句子铺

明月照积雪，朔风劲且哀。——[南北朝]谢灵运《岁暮》

首夏犹清和，芳草亦未歇。——[南北朝]谢灵运《游赤石进帆海》

夕殿下珠帘，流萤飞复息。长夜缝罗衣，思君此何极。

——[南北朝]谢朓《玉阶怨》

热考微阅读

作文要有风骨

李白诗中“蓬莱文章建安骨，中间小谢又清发”一句，前半部分写李云文章刚健，后半部分写自己诗文清逸。中国文学发展至魏晋时期，出现了以三曹父子和孔融、陈琳、徐干、王粲、阮瑀、应玚、刘桢所谓“建安七子”为代表的豪迈刚毅的文学创作风格。李白认为，李云的文章就具备与建安七子的作品同样的文学特点：建安风骨。

诗歌同所有文学体裁一样，是所用的词句和想表达的思想相加而得。有些诗主题鲜明，但用词粗疏，不够精细；有些诗辞藻华丽，内里空洞无物。纵向地看，这些都不算是成熟的文学作品。

魏晋时期的诗歌开始重视个性化的审美，反对浮夸无实、没有灵魂，开始形神并重。从这个时期开始，文学开始脱离政治和刻板审美，成为独立的一派。魏晋南北朝时期出现了“文笔之分”，人们把纯审美文学功用的文章划分为“文”，把有其他功用的文章划分为“笔”。从此以后，不再是写一写字就叫“文学”了。

以曹操、曹丕、曹植父子三人为代表的建安时期的作品真实地反映了现实的动乱和人民的苦难，抒发了建功立业的理想和积极进取的精神，也流露出人生短暂、壮志难酬的悲凉幽怨。这些作品意境宏大、笔调朗畅，具有鲜明的时代特征和个性特征，其雄健深沉、慷慨悲凉的艺术风格，在文学史上被称为“建安风骨”。文学家们既重视辞藻的精雕细琢，展现出“风”，又关注情感的真挚传达，塑造出“骨”，骨肉兼备，诗体便硬朗起来，不再像前代一样失之偏颇。而这样的文学创作风格，对今天我们的写作来说依旧有很好的指导作用和启发意义。

第四章

学霸风云录

李贺：作诗写文，李贺也要靠平时积累的素材

雁门太守行

［唐］李　贺

黑云压城城欲摧，甲光向日金鳞开。

角声满天秋色里，塞上燕脂凝夜紫。

半卷红旗临易水，霜重鼓寒声不起。

报君黄金台上意，提携玉龙为君死。

真题面对面

【2022年河南省中考试题】

阅读李贺《雁门太守行》一诗，回答下列问题。

（1）这首诗表达了诗人对将士们怎样的情感？

（2）这首诗中的“秋色”应该理解为绚烂的景象还是肃杀的景象？请结合诗歌内容谈谈你的看法。

提分知识点

李贺一生中就当过三年奉礼郎，是的，只有三年。虽然其仕途时间很短，但是要知道，李贺只活到二十七岁便英年早逝了。

十八岁那年，李贺知道著名诗人韩愈要来洛阳城，开一场民间征稿会，他立马投去自己最得意的一首诗。原本韩愈不想看的，却无意间瞟到了开头两句："黑云压城城欲摧，甲光向日金鳞开。"刚一读完，韩愈就感觉自己仿佛已经置身于边关城池，看到了两军对垒的场景和气势恢宏的场面，不禁一跃而起，拍手叫绝："好诗！"

李贺的盛誉之路从此开始，不愧"鬼才"的称号。

硬核金素材

人物干货

李贺，字长吉，河南福昌（今河南宜阳）人，唐代诗人。长吉体诗歌开创者，被誉为"诗鬼"。

写诗爱用颜色

李贺为什么被称为"诗鬼"呢？他现存的诗有二百二十首，题材多样，主要有借古讽今、发愤抒情、神仙鬼魅、咏物等题材，最为出彩的是写神仙鬼魅的。李贺被誉为“诗鬼”，他笔下的仙界和地狱有无数种奇诡姿态，而这种效果的产生，要归功于他手中的“调色盘”。

李贺写诗爱用颜色，《将进酒》里说“桃花乱落如红雨”，是粉与红的细微渐变，是青春的颜色；《南园十三首》里写“小白长红越女腮”，红白花朵如美人的朱砂痣或白月光；《北中寒》里写“一方黑照三方紫”，北方的冬日天色晦暗，有颜色也是冷冽的紫，叫人望之心寒；《雁门太守行》里有黑、金、紫、红、黄，齐齐地泼在战场的画布上，血腥气息盘旋其上，刀光剑影藏匿其中。有时不直接写颜色，《秦王饮酒》中的“羲和敲日玻璃声”，把白日比作玻璃，让羲和敲击，太阳的清脆闪耀，有色又无色，更显仙界恢宏。

色彩能够调动人的视觉感官，使人迅速产生强烈的共鸣。李贺写诗意象繁多，而色彩的运用也是与之相配套的浓稠，否则意象间的区分度就不够大，整首诗读下来，会像没加盐的佛跳墙，浪费了里头的山珍海味。数数《李凭箜篌引》中有多少个妖怪，需要多少种颜色，而李贺却能如调度千军万马一样，使它们分出层次、相得益彰，令人不禁感叹其想象力的无极限。

好诗竟从驴背来

文学创作方式多种多样，有刹那间灵光的闪现，也有字斟句酌的用心，杜甫所言“为人性僻耽佳句，语不惊人死不休”，而李贺正是

历经数代文人的吟咏，“骑驴觅诗”成为一个经典诗歌意象

耽溺于佳句的追寻，将诗歌创作的用心发挥到极致。

李商隐在《李贺小传》中说，“诗鬼”李贺“恒从小奚奴，骑距驴，背一古破锦囊，遇有所得，即书投囊中”。李贺把看到的、听到的、想到的，凡是认为有意义的事，都随时记下来，放到书包里。凡诗不先写题目，晚上回家以后再整理成完整的诗文。由于所觅诗句太多，李母心疼道：“是儿要当呕出心乃已耳！”李贺作诗炼句极为刻苦，以至于茶饭不思，全身心地投入诗歌创作。他擅长苦吟，熔铸诗句，所以其诗歌往往句句精警，灵活多变，极具独创性。如“我有迷魂招不得，雄鸡一声天下白”“衰兰送客咸阳道，天若有情天亦老”等。

可以想象，包袱打开，满满的锦囊绣句，诗人一一摘择，再组成一首意脉贯通的律诗或绝句，于诗人而言该是何等欣慰快意之事。

“骑驴觅诗”“驴背诗思”是久有传统的文学创作状态，《北梦琐言》中记载相国郑綮善于作诗，于是有人问他最近是否有作新诗，

高分句子铺

男儿何不带吴钩，收取关山五十州。

——[唐]李贺《南园十三首·其五》

男儿屈穷心不穷，枯荣不等嗔天公。——[唐]李贺《野歌》

他回答说：“诗思在灞桥风雪中驴子上。”至此，“诗思在灞桥风雪中驴子上”遂成千古名言。而我们所熟知的诗人贾岛的“推敲”之思、吟哦思虑之态，也是在骑驴慢行之际发生的。

历经数代文人的吟咏，“骑驴觅诗”最终成为一个非常经典的诗歌意象，进入我们的文学、艺术作品中，如陆游《剑门道中遇微雨》所咏：“此身合是诗人未，细雨骑驴入剑门。”文人雅士在赏玩风景时苦心于作诗的情致可见一斑。古人坐于驴背之上，俯仰之间见天地广阔，诗人从途中的一花一木、一人一事中寻觅灵感，将生命中每一种微小的感受变成一首诗。诗人在驴背之上走走停停，思维也一直处于活跃状态，“悲落叶于劲秋，喜柔条于芳春”，感于外物，诗思自然涌动。所以古人也常说“读万卷书，行万里路”，读书行路均是扩大视野、开阔心胸的妙法，古人灵光一现，往往是在行途之中心有所感。骑驴觅诗、锦囊收句作为中国古典诗歌的写作方法之一，为许多诗人所推崇，其原因也在于此。

热考微阅读

唐代诗人的绰号

每一个有所成就的诗人一定会形成属于自己的独特写作风格，由此才能体现文学艺术的精彩和美妙。唐代诗人群体庞大，当时或者后世的人们总结他们各自的文字风格，为他们取了各式各样的绰号。

“诗仙”是李白。这当然是就李白的诗歌风格自由潇洒、想象丰富、变幻莫测而言。另外，李白信奉道教，道教追求长生不老、得道成仙，“诗仙”的美誉或许正合李白之意。

“诗圣”是杜甫。杜甫忧国忧民，既关心国家命运，又关注百姓疾苦，具备圣人一样的品德情怀。此外，杜甫的诗歌格律严谨，是唐代格律诗的典范，他被称为“诗圣”当之无愧。

“诗佛”是王维。一方面，王维信仰佛教，其字“摩诘”就来源于佛经《维摩诘经》；另一方面，王维诗风清新自然，充满禅意，明显受到佛教文化的深刻影响。

“诗魔”是白居易。白居易一生勤奋写作，以至于口齿生疮，肘部起了厚厚的老茧，他自己也有“酒狂又引诗魔发，日午悲吟到日西”之句，人们便以“诗魔”称之。

“诗鬼”是李贺。李贺和李白一样，写出来的诗歌想象丰富，辞藻瑰丽，但他的诗经常引用鬼神之事，而且迷离难解，情绪低沉，所以他被称为“诗鬼”。

今天人们看到这些绰号可能会感到奇怪，其实这些绰号体现了这些诗人的写作特点，表达了人们对他们的赞赏之意。

王冕：勤奋的画家，一首《墨梅》雄霸小学课本多年

墨　梅

[元] 王　冕

我家洗砚池头树，朵朵花开淡墨痕。

不要人夸好颜色，只留清气满乾坤。

真题面对面

【2022年浙江湖州中考试题】

探究“书客”的意义。

假如长大后的王冕从书客那里买的书中包含了以下作品，你认为王冕可能会喜欢哪一篇？结合你对这篇作品和小说中王冕的认识加以回答。

A.《爱莲说》（周敦颐）B.《饮酒（其五）》（陶渊明）　C.《陈涉世家》（司马迁）

提分知识点

此诗是王冕为自己的画作《墨梅图》所写的题画诗，赞赏梅花坚持自己的高远追求，不在意世俗眼光，只愿清香的美德永远流传的高尚品质。此诗表面上写的是图画上的墨梅，实际上也是王冕自己的思想写照。作为一首题画诗，本诗不单纯是对画意的直接描述，更在思想境界上对画意有所升华，达到了诗与画相互辉映、有机融合的效果。

硬核金素材

人物干货

王冕，字元章，号煮石山农、食中翁、梅花屋主，浙江诸暨人，元代画家、诗人、篆刻家。存世画迹有《南枝春早图》《墨梅图》《三君子图》等。

在《墨梅》这首诗中，王冕提到了“我家”的洗砚池。这里有一个问题要指出来，王冕自己家里实际上并没有这样一处洗砚池。“洗砚池”来自东晋时期的书法家王羲之，他练字很刻苦，又很爱惜自己的毛笔和砚台，所以每天练完字就在家旁边的池塘里清洗，天长日久，满池的水都成了黑色的，于是人们称这座池子为“洗砚池”。那么，王冕为什么敢称这座池子是他家的呢？

中国人有句俗话“同姓之人五百年前都是一家”，这说明了中国姓氏文化源远流长，影响深远。这个习惯的养成与那个时候人们的生产和生活方式有关，所有同姓的人聚在一起形成村庄，在劳动中互相帮助，同时防止其他人和野兽的伤害和攻击。慢慢地，人们就形成一种思想观念，即同姓之人是一家。因为同姓的人都有一点点血缘关系，交往起来比较可靠。这种思维也影响了王冕，他和王羲之都姓王，很多年前也是一家人，而在今天，依旧有许多人受这种思维影响。

勤学、爱梅的画家

王冕小时候很贫困，白天替人放牛，晚上坚持自修。

有一天，王冕在湖边放牛时，忽然下起雨来，一会儿雨停了，湖里的荷花和荷叶被雨水冲洗得非常干净。王冕看了非常喜爱，便想把它们画下来，于是赶紧用身上的一点儿零用钱买了纸和笔开始作画。虽然起初画得不怎么好，但他仍然不停地画，最后越画越像，就跟真的一样。王冕便把他画的荷花拿去卖，卖的钱拿回家孝敬母亲。因为

高分句子铺

慈母倚门情，游子行路苦。——[元]王冕《墨萱图·其一》

冰雪林中著此身，不同桃李混芳尘。——[元]王冕《白梅》

江南三月春始足，桃花杏花参差开。——[元]王冕《谢林彦广惠酒》

荷花画得很好，许多人争着买，王冕的家境因此渐渐好转，同时他的名声也渐渐远播。

王冕一生爱好梅花，种梅、咏梅，又攻画梅。画梅学杨无咎，花密枝繁，行草健劲，生机盎然，尤善于用胭脂作梅骨体。他画的梅简练洒脱，别具一格。

其《墨梅图卷》的横向折枝墨梅，笔意简逸，枝干挺秀，穿插得势，构图清新悦目。用墨浓淡相宜，花朵的盛开、渐开、含苞都显得清润洒脱、生机盎然。其笔力挺劲，勾花创独特的顿挫方法，虽不设

梅花作为岁寒三友之一，自古以来人们都对它赞赏有加

色，却能把梅花的含笑盈枝生动地刻画出来，不仅表现了梅花的天然神韵，而且寄寓了画家高标孤洁的思想感情。加上作者那首脍炙人口的七言题画诗，诗情画意交相辉映，使这幅画成为不朽的传世名作。

此外，他画的梅花，对明代画梅高手，如刘世儒、陈宪章、王牧之、盛行之等，影响甚大。

视神像若柴薪

明朝人陆容在《菽园杂记》中记载，王冕极不信鬼神。

王冕青年时期，举家迁到一座庙宇附近。当地人也不甚信神，庙宇少有人来，日渐破败，然而王冕一邻居笃信鬼神，不时来此打扫庙堂，擦拭庙内神像上的灰尘。王冕从小就不信鬼神，幼时曾夜间坐在神像前读书，毫无怯意。一日，家中灶下缺柴，妻子无计可施，王冕索性跑到庙里，用斧头砍下木雕神像两足，交与妻子当柴烧。隔壁邻居见了，甚是恐慌，在残破神像前焚香跪拜好一阵后，回家精选木料，极其虔诚地刻木修补神像。而后，王冕家缺柴，仍旧于庙中砍斫神像，邻居便及时修补，如此三四回。

然而，王冕一家平安无事，倒是邻居家偶有小灾祸。一天，补像的邻居请来善巫术者，想问个究竟："王冕屡次毁神像，为何神不归罪于他？而我每次补神，为何神不保佑我？"神灵借巫人之口答道："毁坏神像一切责任都在你！你不三番五次补像，王冕怎么能有机会来焚烧呢？"从此这个人就不再补像，庙也逐渐废毁。

热考微阅读

“淡墨”不仅仅指一种颜色

在王冕的画中，梅花所具有的“淡墨痕”，不仅仅指的是淡淡的墨黑色，还透露出作者画这些梅花所用的技巧。原来，中国古代书画中一个重要的类别就是水墨画，只在白纸上用墨汁作画，通过加入清水调配墨汁的不同浓度，即用颜色深浅表现出画面的不同层次。

在唐代，画家们就可以用水将墨调配出“焦、浓、重、淡、清”五种墨色。通常在同一幅山水画中，人们利用这五种墨色和纸的白色，就可以表现出山、水、树、云等不同的形象和其背后的神气。王冕这首诗中的“淡墨”，指的也是他用较淡的墨色画出梅花花瓣的绘画技巧。

晏殊：从神童到北宋大神，天才词人最好命

浣溪沙

[宋] 晏　殊

一曲新词酒一杯，去年天气旧亭台。夕阳西下几时回？　无可奈何花落去，似曾相识燕归来。小园香径独徘徊。

真题面对面

【2019年云南昆明中考试题】

请具体分析《浣溪沙》一词下阙中作者的情感变化。

提分知识点

此词是宋代词人晏殊历来为人称道的代表作。表面上是伤春惜时，实际上却在感慨伤怀，包含对宇宙、人生的深思，给人以哲理性

的启迪和美的艺术享受。无可奈何中百花在残落，似曾相识的春燕又归来，揭示了花的凋落、春的消逝、时光的流逝都是不可抗拒的自然规律。虽然惋惜留恋但也无济于事，一切必然消逝的美好事物都无法阻止其消逝，然而消逝的同时仍然有美好事物再现，生活不会因消逝而变得一片虚无。这般思绪，令词人独自在花香小径里徘徊，内心久久难以平静。

硬核金素材

人物干货

晏殊，字同叔，北宋著名文学家、政治家，与欧阳修并称“晏欧”，著有《珠玉词》等。

宋词发端之人

晏殊，北宋政坛、文坛、教坛的卓越人物，一生笔耕不辍，著述多达二百四十卷。他有着不畏权贵的政治家胆略。他兴学育人，开创应天府书院，聘请范仲淹任教。他见贤举能，知人善任。他博学多才，编修史集，修订典籍，对戏剧、音乐、书法也颇有研究。

在冯煦的《蒿庵论词》中，晏殊被称为“北宋倚声家初祖”，也就是说，宋词是从晏殊发端的。晏殊的《珠玉词》更是宋代流传后世的第一部词集。

晏殊对宋朝词坛的贡献，不仅因为他超然的政治地位，更因为他的才情。晏殊的词，透露着他对生活的美好向往，闲情中透着典雅，婉约中透着阔达，这跟他的性格有很大关系。他少时入宫，之后为官多年，看清官场险恶，因此对官场权位淡然随心。在他眼中，浮华名利不过是过眼云烟，不过他喜欢热闹，也喜欢生活中淡然的安静。

他常用的写作手法之一是把人生哲理蕴藏在风景的描写之中。自然界的一草一木，在晏殊笔下都充满生机，又富有感情，并且能让人悟出许多生活的哲理。

破阵子

[宋] 晏　殊

燕子来时新社，梨花落后清明。池上碧苔三四点，叶底黄鹂一两声。日长飞絮轻。　　巧笑东邻女伴，采桑径里逢迎。疑怪昨宵春梦好，元是今朝斗草赢。笑从双脸生。

晏殊借燕子表现了春光的美好，也有惜时、伤春之感。

一生无愧于心，一生无悔于世，晏殊给世人留下的，是许多清丽淡雅又充满人生哲理的词作，是他豁达的心境，是他真挚的情感。他开创了北宋的婉约派词风，让人们在残酷的现实生活中得到一些安慰和精神寄托。

“太平宰相”晏殊

晏殊的一生顺风顺水，从七岁被认为是“神童”，到后来官至宰相，他的成才之路，可谓大部分文人一生追求的梦想标杆。虽然有三次短短的出知外地，但回到京城更是青云直上，位极人臣。晏殊是唐宋词人中职位最高、最显贵的。不过，晏殊身处太平时代，外无强敌压境，内无派系党争，他乐得清闲，也就没有范仲淹、寇准等宰相一样显著的政绩、显赫的战功。

《宋史·晏殊传》中评价晏殊的性格："殊性刚简，奉养清俭。"晏殊才华横溢，更难得的是他不嫉贤妒能，喜欢提携晚生后辈，门下出了像范仲淹、韩琦、富弼、欧阳修这些宰相级的风云人物，将北宋的繁盛推向顶峰。

晏殊耿直，爱说大实话，在大宋朝是出了名的。

时值宋真宗当政，仁厚皇帝为自己立了个最具亲和力领导的人设，时常给官员们发福利：组织宴饮，发放津贴。在宋真宗的带领下，官员们过得滋润，花天酒地便成常态，文人广泛出没于秦楼楚馆，时风如此。在这个背景下，晏殊却宅在家里，两耳不闻窗外事，一心只读圣贤书，无疑是一股清流。此事传到了宋真宗耳中，宋真宗为他的品性所折服，直接封他为东宫官，即太子的陪读，而在此之前，晏殊不过是一个小小的左正言、直史馆。

晏殊升官之后听说自己是因为勤学而得到赏识的，当即脱口而出一句十分可爱的话："我其实也想风花雪月，可我没有钱。"对当时的晏殊来说，这的确是大实话，晏殊生于富贵之家，可没等他成年，家道便因战乱败落。入朝为官后，俸禄也勉强维持家用，所以这句略显耿直的话陡然多了依据，衬得晏殊整个人都显得老实可爱。

后宋仁宗继位，太后主政，晏殊怀揣耿直，多次“直言犯上”，幽默感并没有救他，而是因“不懂变通”成为太后眼中钉，多次被贬。好在后来宋仁宗亲政，十分欣赏他刚正不阿的品性，重新委以重任，这才有了后来的“富贵宰相”晏殊，而他的这份耿直也体现在教育下一代上。写下“当年拼却醉颜红”的词人晏几道是晏殊的第七个儿子，晏几道一生淡泊名利，即便遭人欺骗仍秉性光明。“忠厚耿直，谨守父风”，是史书上对晏几道的评语。

晏殊与晏几道

中国历史上，父子齐名的文学家并不多，最有名的或许就是苏洵、苏轼、苏辙了。此后，北宋的晏殊和晏几道也颇负盛名。他们一个是太平宰相、成功人士，一个是痴情公子、文艺名人，世人又称晏

高分句子铺

满目山河空念远，落花风雨更伤春，不如怜取眼前人。

——[宋] 晏殊《浣溪沙·一向年光有限身》

天涯地角有穷时，只有相思无尽处。

——[宋] 晏殊《玉楼春·春恨》

人面不知何处，绿波依旧东流。

——[宋] 晏殊《清平乐·红笺小字》

殊为大晏，称晏几道为小晏。父子俩以他们相映生辉的艺术成就影响了一代词风，被词话家们并称为“二晏”。

晏几道喜欢看书，家里藏书特别多，每次搬家，他妻子就很厌烦，认为那些书是累赘，晏几道却把书当作宝贝，妻子望着这个书呆子丈夫，发起了牢骚：“你搬家就像乞丐搬破碗，算怎么回事啊？”

晏几道口头上不同她争辩（估计是争也争不赢），就专门写了一首《戏作示内》幽默地告诫她说：“生计唯兹碗，搬擎岂惮劳……愿君同此器，珍重到霜毛。”大意是：这些书就是我的饭碗，我搬书时，从来都不觉得累，希望你同我一样，像爱护自己的头发那样爱护它们！

词人黄庭坚曾感叹晏几道“不顾家人”，说他“费资千百万，家人寒饥，此又一痴也”。

晏几道不治生产，做惯了贵家公子，养成了大手大脚挥金如土的习气，千百万钱，挥一挥手就没了，家人都跟着他受冻挨饿。

在晏几道的妻子看来，那些书不能吃不能喝，视若宝贝真是毫无道理。而晏几道呢，还希望妻子同他一样，也把书当作宝贝。这只能是奢想，他娶的毕竟不是李清照那样的才女，“赌书泼茶”夫唱妇随这样的雅事，也不是处处可见的。

然而巧妇难为无米之炊，对晏几道的妻子而言，把日子过好或许才是最实在的事儿。

热考微阅读

人生三境界

王国维在文学创作和文学理论上最为人熟知的是他的《人间词》与《人间词话》，而《人间词话》最为人熟知的是“人生三境界”这一概念。

第一境界是“立”，出自北宋晏殊《蝶恋花·槛菊愁烟兰泣露》：“昨夜西风凋碧树，独上高楼，望尽天涯路。”以西风刮得绿树落叶凋谢暗喻当前的形势相当恶劣，可就是在乱世之中，只有他能够爬上高楼，居高临下，清晰地看到天涯海角的尽头，看到别人所不能及之处，说明他能够排除外界的干扰，这是取得成功的基础。

第二境界是“守”，出自北宋柳永《蝶恋花·伫倚危楼风细细》：“衣带渐宽终不悔，为伊消得人憔悴。”描述了一个人如何下定决心而努力奋斗，概括了锲而不舍的坚韧性格，不管遇到多么大的困难，都要继续前进，为了成功在所不惜，这是取得成功的必要过程。

第三境界是“得”，出自南宋辛弃疾《青玉案·元夕》：“众里寻他千百度。蓦然回首，那人却在，灯火阑珊处。”在经历了无数次磨炼之后，他变得成熟了，也能明察秋毫了，对很多难以理解的事物能够豁然开朗、瞬间领悟，这就是成功的最后一步——功成。

欧阳修：好文章都是改出来的

醉翁亭记（节选）

［宋］欧阳修

环滁皆山也。其西南诸峰，林壑尤美，望之蔚然而深秀者，琅琊也。山行六七里，渐闻水声潺潺而泻出于两峰之间者，酿泉也。峰回路转，有亭翼然临于泉上者，醉翁亭也。作亭者谁？山之僧智仙也。名之者谁？太守自谓也。太守与客来饮于此，饮少辄醉，而年又最高，故自号曰醉翁也。醉翁之意不在酒，在乎山水之间也。山水之乐，得之心而寓之酒也。

真题面对面

【2022年湖北荆州中考试题】

从张养浩、欧阳修、宋濂或尼摩船长中选择一个对话对象，展开想象，以“跨越时空的对话”为题，写一篇作文。

提分知识点

“环滁皆山也”中的“滁”，指的就是滁州，在今安徽省滁州市琅琊区。滁州自古以来就是人才会聚的文献名邦。春秋时期，这里是吴楚交战的战场；东晋时期，元帝司马睿曾驻跸于城外的琅琊山；唐朝中期，韦应物曾担任滁州刺史；北宋时期，欧阳修贬谪滁州，与民同乐，在此写下《醉翁亭记》，使得滁州山水天下皆知；南宋时，辛弃疾任滁州知州，建繁雄楼和奠枕楼，写下《声声慢·滁州旅次登楼作和李清宇韵》等词作；到了明朝，宋濂、王阳明、文徵明等文坛大家都与滁州结缘。直至今日，这些历史人物的风韵气度依旧影响着这座城市。

硬核金素材

人物干货

欧阳修，字永叔，号醉翁，又号六一居士，北宋政治家、文学家，唐宋八大家之一。

古代文人骚客有时以“居士”自称，众所周知的如“青莲居士”李白、“香山居士”白居易、“东坡居士”苏轼。欧阳修改号“六一居士”，已是花甲之年，经历了仕途的起起落落，晚年不再去劳心于政治，日常生活悠闲而舒适，休闲活动种类丰富，“六一居士”的称号便是他晚年生活和心态的真实写照。

那么，“六一”是哪六个一呢？欧阳修在《六一居士传》中介绍说：“吾家藏书一万卷，集录三代以来金石遗文一千卷，有琴一张，有棋一局，而常置酒一壶。……以吾一翁，老于此五物之间，是岂不为六一乎？”简单地说，藏书、金石遗文、琴、棋、酒，再加上欧阳修自己，就是“六一”了。而藏书、金石遗文、琴、棋和酒这五项，虽然是欧阳修晚年才从众多爱好中“选拔”出来的，却是他毕生的积累，一生所爱。

欧阳修不仅在文学、史学、经学、书学等方面有杰出的成就，还为后人留下了很多成语，据考证有八十多个。不仅有“班门弄斧”“觥筹交错”“不动声色”“出人头地”“熟能生巧”“屈指可数”等脍炙人口的成语，还有“醉翁之意不在酒”“不知人间羞耻事”“千里送鹅毛”等类似于俗语的句子。

好稿子是改出来的

欧阳修之所以能有众多优秀的作品流传于世，除了得益于他的勤奋和天资，更得益于他精益求精的治学态度，这位北宋文坛领袖用自身的实践证明：好稿子是改出来的。

相传，欧阳修替人写过一篇名为《相州昼锦堂记》的文章，完笔后差人送去。可是，送文章的人刚走，欧阳修便派人快马追回，把稿子重新修改后又送出去。但修改稿仅增加了两个“而”字，由“仕宦至将相，富贵归故乡”改为“仕宦而至将相，富贵而归故乡”，两字之差，既增添了韵律美，又丰富了作者表达的思想内容。

我们最为熟知的《醉翁亭记》“环滁皆山也”这一绝妙开头，也是欧阳修精心删改出来的。

这篇文章最初的开头是：“滁州四面皆山也，东有乌龙山，西有大丰山，南有花山，北有白米山。”欧阳修写完后，特地征求他人的意见，有位当地人直言文章开头太啰唆，欧阳修听后当即改道：“环滁皆山也。”短短五个字，简洁、有力，大气磅礴。

直到晚年，欧阳修还经常把自己写过的文章拿出来修改。而这种修改稿件的习惯，好多大家都有，比如曹雪芹、列夫·托尔斯泰和福楼拜等，不胜枚举。可见，古今中外，但凡大家，虽然他们身处不同的时代，有着不同的文化背景，但治学严谨、精益求精的态度是一致的。

高分句子铺

夫祸患常积于忽微，而智勇多困于所溺。

——[宋]欧阳修《伶官传序》

凡任人之道，要在不疑。宁可艰于择人，不可轻任而不信。

——[宋]欧阳修《论任人之体不可疑札子》

醉翁之意不在酒，在乎山水之间也。——[宋]欧阳修《醉翁亭记》

苏轼与欧阳修：我们活过的刹那，前后皆是暗夜

嘉祐元年（1056 年），二十岁的苏轼赴京会考，小试官是诗坛宿将梅尧臣，而主考官正是赫赫有名的欧阳修。当时，主管大宋文化教育工作的欧阳修正在寻找一种创新的、有见地的新型诗词风格，苏东坡就这样带着一身清新与洒脱出现了。

仿佛是偶然的凑巧，又宛如是宿命的必然，在接二连三的巧合和误会中，苏轼成了当年的榜眼，也与欧阳修正式确立师生关系。苏轼最先打动欧阳修的是其过人的才华与出色的文章，而后是常人所不及的魄力与眼界。欧阳修曾用三句话来评价苏轼：第一句是“此人可谓善读书，善用书，他日文章必独步天下”，第二句是“读苏轼书，不觉汗出。快哉！快哉！老夫当避路，放出一头地也。可喜！可喜”，第三句是“汝记吾言，三十年后，世上人更不道著我也”。在欧阳修眼中，苏轼超越自己，乃至名扬天下，是迟早的事情。

于苏轼，欧阳修是伯乐，亦是良友。两人对很多事情的观点相同，惺惺相惜，在欧阳修过世后，苏轼曾作数篇诗词怀念、悼念恩师，还曾以不同字体抄录欧阳修的《醉翁亭记》。

在苏轼被贬江南、途经扬州时，他曾来到欧阳修生前修建的平山堂。恩师已逝，知己不在，苏轼提笔写下“休言万事转头空，未转头时皆梦”。

热考微阅读

这些鲜为人知的围棋小知识，你知道多少

围棋的黑白子、方棋盘形态，代表了古代中国人的宇宙观。天下万物可归入“阴阳”（黑子为阴，白子为阳）。棋子圆形，棋盘方形，含“天圆地方”之意。每一步落子，都是“天圆而动”“地方而静”的合一。

也有人认为，围棋是古代帝王占卜的工具。围棋来自中国古代星象图，黑白子就是天上的星星。棋盘有三百六十一个交叉点，表示农历年的三百六十一天，棋盘四个部分就是四季，每个部分有九十个交叉点，代表一个季度的九十天。

关于围棋的发明，还有另一种说法，传说围棋是上古的尧帝发明的，他的儿子丹朱很会玩，并被传为史上围棋第一高手。后来舜帝用围棋来提高儿子商均的智商。由此可见，现代人认为下棋可以启迪智慧，也不是没有根据的。

南北朝时期士大夫非常爱下围棋，衍生出了非常多的雅名。如“手谈”，说的是棋手啥都不说，只用手在棋盘上动来动去，用手交谈。“坐隐”，形容人正襟危坐，好似禅定的僧人。而大家熟知的“烂柯”典故，意在告诉我们百年再久也不过一局围棋的时间。在古代文人眼中，围棋最大的用处是无用，不竞技、不发财，纯属修身的艺术。明朝初期，民间围棋赌博风气很盛，朱元璋不得不下令禁棋，可见当时下棋人之多、影响之大。

纳兰性德：一个有着如偶像剧主角名字的人

长相思

[清] 纳兰性德

山一程，水一程，身向榆关那畔行，夜深千帐灯。

风一更，雪一更，聒碎乡心梦不成，故园无此声。

真题面对面

【2014年河北秦皇岛中考三模试题】

阅读下文（《纳兰性德传》）。文章是从哪些方面介绍纳兰性德的？结合文本分条概括。

提分知识点

游子在外总会想起家的温暖，但迫于现实，不能回还，于是只好在梦中去看看家乡的样子，聊以疏解胸中那一抹浓重的乡情。纳兰性德在这首《长相思》中写道：“风一更，雪一更，聒碎乡心梦不成，故园无此声。”塞外苦寒，风雪大作，思念家乡却不能入眠，以致连梦中还乡都无法实现，足见此人心中的凄苦。李煜也在梦中回到故国，《子夜歌》里道：“人生愁恨何能免？销魂独我情何限！故国梦重归，觉来双泪垂。高楼谁与上？长记秋晴望。往事已成空，还如一梦中。”晴朗的秋日里登上高楼远望四处的场景不再重现，“我”对故国的思念只能在梦中寻找。

游子在外，梦里的家乡往往都是美好的，而这美好的一梦过后，留在他们心间的，却是更加浓重的怅惘。

硬核金素材

人物干货

纳兰性德，字容若，清朝著名词人，著有《通志堂集》《侧帽集》《饮水词》等。

是贵族神童，也是才情最佳的御前侍卫

纳兰性德出身于贵族世家，被父亲寄予厚望，从小就喜欢读书，个性温和，甚至有点忧郁。他五岁开始学习骑射，骑马、手握刀剑让他热血沸腾，但骨子里透着独特的文学气质。

这位神童，从小就展露出诗词才华。他在十岁时就写下了“夹道香尘拥狭斜，金波无影暗千家。姮娥应是羞分镜，故倩轻云掩素华”（《上元月食》）这样优秀的七言绝句。

纳兰性德在十八岁就中了举人，二十岁出头就高中进士，因为获得了二甲的第一名，所以被康熙帝钦点为御前侍卫，时常追随在皇帝左右。

我们对御前侍卫的印象应该都是武功高强、身材魁梧的武夫，所以很难把纳兰性德和御前侍卫联想在一起，觉得二者极其不搭调。但是康熙皇帝也是位爱好风雅之人，他将纳兰性德看作知己。纳兰性德陪皇帝南巡北狩，游历四方，随皇上唱和诗词、吟诗作对。他是备受器重的天子近臣，以英俊威武的武官身份参与风流斯文的诗文之事。

按照现在的话来讲，纳兰性德是真正的“高富帅”，颜值高，出身好，文能作词，武能骑马射箭，前途无量。

公子世无双，情路却坎坷

纳兰性德，一个有着如偶像剧主角名字的词人。他二十岁出头及第，但天妒英才，不幸于康熙二十四年（1685 年）突得寒疾，七日不汗而死，年仅三十一岁。

因为自小受到《花间集》影响，所以纳兰性德的词作风格包括他个人的性格，都带着自伤情多的特点。

纳兰性德曾有过三段缠绵悱恻的爱情故事。纳兰性德年少时邂逅了一位年轻美丽的女子，据说这名女子是纳兰府上的丫鬟，或许是家庭原因，纳兰性德的初恋失败了。随后应“父母之命，媒妁之言”，他无奈娶了不曾相识的大家闺秀卢氏，卢氏以她温柔美丽、善解人意、冰雪聪明的女性魅力征服了纳兰性德，纳兰性德再次坠入爱河。这段爱情开始得很完美，但天有不测风云，三年后，卢氏因病离世。物是人非的空虚一下子又涌上了纳兰性德心中，他只能靠记忆来温习那触摸不到的幸福，并在《画堂春》中长叹道：“一生一代一双人，争教两处销魂。相思相望不相亲，天为谁春？”卢氏的离去击碎了他的情感世界。

长年精神空虚，朋友顾贞观给他带来了些许慰藉，由顾贞观做媒，他认识了江南才女沈宛。他早就仰慕沈氏的才华，而沈宛也十分敬仰他，所以他们一见钟情。可是当时的情况不允许他们在一起，朝廷禁止满汉通婚，家族从中阻挠，最终沈宛只得离他而去，他万般无奈道：“人到情多情转薄，而今真个悔多情。又到断肠回首处，泪偷零。”

爱情的逝去，让他身心俱悴。卧病七日后，在卢氏八年后的祭日那天，他终于追随最爱的卢氏而去。

高分句子铺

人生若只如初见，何事秋风悲画扇。

——[清]纳兰性德《木兰花·拟古决绝词》

我是人间惆怅客，知君何事泪纵横，断肠声里忆平生。

——[清]纳兰性德《浣溪沙·残雪凝辉冷画屏》

爱他明月好，憔悴也相关。——[清]纳兰性德《临江仙·寒柳》

名字的由来

纳兰性德的一生充满传奇，在短暂的生命中留下了无数个故事。关于他名字的由来，也是值得考究一番的。据说当时有位很有名的大师叫法璀大师，他从“君子以成德为行，日可见之行也”一句中为纳兰性德取名，其实纳兰性德最初的名字就叫成德。虽然有了一个大名，但他的父母常常呼唤他的小名——冬郎。唐朝诗人韩偓从小是个神童，因为这个，顾贞观戏对纳兰性德说：“令尊大人给你取‘冬郎’这个小名的时候，是不是已经把你当作神童韩偓了呢？这样的话，他老人家真是慧眼，纳兰冬郎的诗名早就‘雏凤声清’，远在韩冬郎之上了。”

在纳兰性德二十多岁的时候，康熙皇帝立第二子为皇太子，皇太子乳名保成，和纳兰容若的名字里都有一个“成”字。于是为了避皇太子的名讳，将“成德”改为“性德”，这就是那个我们最为熟悉的名字：纳兰性德。直到第二年，保成改名胤礽（yìnréng），“性德”才恢复为“成德”。

至于纳兰性德自己，总是署名“成德”，或者以“成”为姓，另取“容若”为字，署名“成容若”，他的朋友们也往往用“成容若”这个名字来称呼他。

热考微阅读

清代第一女词人——顾太清

有一句俗语："男中成容若，女中太清春。"能够与纳兰性德齐名的女子，究竟是一位怎样的才女呢？

顾太清，原姓西林觉罗氏，满洲镶蓝旗人，祖父是清代有名的大学士鄂尔泰的侄子、甘肃巡抚鄂昌。生活在这样的家庭中，顾太清比当时的女子受到更系统的文学教育，不为科举，只为提升文学素养。

后来，其祖父鄂昌因受文字狱牵连而被害，家道中落。这场冤案影响深远，顾太清以"罪臣之女"的身份生活着，但幸好邂逅了一生的挚爱——奕绘贝勒。奕绘贝勒是一个颇有名气的宗室诗人，才貌双全，善诗词、工书画，以最风光的方式把顾太清娶进家门。

婚后，顾太清得到了奕绘贝勒的万般宠爱，生有四子三女。婚姻的幸福给了顾太清无限的创作灵感，她写了很多留传后世的诗词，比如巨著《子春集》，包括诗集《天游阁集》和词集《东海渔歌》两部分，共千余首诗词。

可惜，幸福的生活很短暂，奕绘贝勒四十岁就逝世了。丈夫的离去是悲剧的开始，顾太清被赶出家门，悲愤之余也曾想过追随爱人而去，但看着幼小的儿子，心中不忍，只能忍辱偷生。清苦的生活没有磨灭顾太清对诗词的热爱，她苦中作乐，继续进行文学创作，而后终不负期望，终有所成就。

王勃：“初唐四杰”之首，更是昙花一现般的天才

送杜少府之任蜀州

［唐］王　勃

城阙辅三秦，风烟望五津。
与君离别意，同是宦游人。
海内存知己，天涯若比邻。
无为在歧路，儿女共沾巾。

真题面对面

【2022年陕西省中考试题】

阅读诗歌《送杜少府之任蜀州》，完成问题。

1. 首联“风烟望五津”中的“望”改成“看”，好不好？请谈谈你的看法。

2. 人们常用“海内存知己，天涯若比邻”作为临别赠言，毕业在即，请另外选用一两句古诗词写一段话，表达你对同学的祝愿。

提分知识点

这首诗是王勃在长安送友人赴蜀州做官时所作。首联中“城阙”和“五津”分别指代长安城（今陕西西安）和蜀州（今四川崇州），一个“辅”字尽显长安城的雄伟壮观，一个“望”字把长安和蜀州连在了一起。阻碍诗人远望的“风烟”乃一语双关，既指眼前实景，又暗指缥缈难测的前行之路。蜀州，与长安隔着千山万水，云雾重重，远非目力能及，但诗人仍然要去眺望，只因那里是好友即将去的地方。

颔联直抒胸臆，诗人的笔触由外物转至内心，着眼于抒发自己和友人的离别之情。为了入仕，诗人从家乡山西来到长安，杜少府离开长安去往蜀州，同样宦游在外的经历引起两人的情感共鸣。

不过，诗人的感伤点到为止，颈联由抑转扬，眼界也从主观自我扩大到茫茫寰宇。“海内”和“天涯”，尽言空间之广，然既为知己，心意相通，就算远隔天涯，也如近在咫尺。此联贵在把抒情上升到哲理的高度，朋友之间只要真心相交，就不怕山高水远，王勃和杜少府如是，你我亦如是。

尾联上承颈联，对友人进行劝慰，既然知己之情不会因时空的阻隔而变得淡薄，那就不必哭哭啼啼，好男儿当志在四方。以此作结，别有一番昂扬向上的英雄气概。整首诗感情真挚，格调高远，是初唐送别诗中为人称道的佳作。

硬核金素材

人物干货

王勃，字子安，初唐诗人，与杨炯、卢照邻、骆宾王并称“初唐四杰”。

天才少年王勃

王勃六岁便才思敏捷，通晓文辞，会写文章。九岁的时候通读《汉书》，能够在读书时有自己的思考，敢于质疑，认为名儒大家颜师古的《汉书》注解有瑕疵纰漏，并为此专门写了《指瑕》做出纠正。

十岁的王勃已熟读《诗》《书》《礼》《易》《乐》《春秋》六部经典著作。遇到来关内巡视的刘祥道，王勃便洋洋洒洒地写了一篇文章，慷慨激昂地表达了自己建功立业的决心，刘祥道看后赞其为“神童”，那一年，王勃才十四岁。

十六岁，王勃参加科试，被朝廷授为朝散郎，作《乾元殿颂》，气势磅礴，辞藻华丽，唐高宗亦惊为奇才。《送杜少府之任蜀州》成作之时，王勃也不过二十岁左右，那时他就能写出如“海内存知己，天涯若比邻”这样的千古名句。

王勃在家里排行第三，上有兄长，下有幼弟。其中，王勔、王剧和王勃三兄弟名声最高，有人夸赞他们为“三株树”。王勃的两个弟弟王助、王劼也都享有才名，他们的父亲王福畤平时又特别喜欢向朋友夸奖自己的儿子，碰到不相信的，他就会马上把自己儿子写的文章

“酌贪泉而觉爽，处涸辙以犹欢”是流传千古的佳句

拿出来给人看，被朋友打趣说有“誉儿癖”。

四杰排位之争

历史上，一个朝代的兴盛需要几代王者的努力，文学也是如此。我们看到的“声律风骨兼备”的盛唐诗歌，是近百年初唐诗孕育的产物。初唐是文学大变革、大创新的时期，在绮错婉媚的“上官体”宫廷诗风占主导的背景下，王勃、杨炯、卢照邻、骆宾王四位文人横空出世，以革除文坛浮躁之风、终结诗歌颓靡之势为己任，创作出大量清新刚健的作品。

若按文辞品第排名，“王杨卢骆”的排位顺序是最为常见的。大诗人杜甫的《戏为六绝句》中也有“王杨卢骆当时体”之句。不过，“王杨卢骆”的顺序在当时和后世都有过争议。四杰里面就有不同的声音，比如排名第二的杨炯，明确表示自己是“愧在卢前，耻居王后”，可见他对这个排名很不服气。明代诗论家胡应麟也提出过不同的看法，他在《诗薮》内编卷五中说：“王为最，骆次之，杨、卢次之。”虽然四杰排位时有争议，但异议主要集中在杨炯、卢照邻和骆宾王身上，王勃居四杰之首却是众望所归。

“初唐四杰”结局惨淡

“初唐四杰”的共同点，除了才名远播，还有一点是个个都结局惨淡。

杨炯仕途失意，死在了任上。王勃二十七岁渡海溺亡，骆宾王因谋反而被杀。一个比一个惨，尤其是卢照邻，因为太过痛苦而投水自尽。

卢照邻出身望族，自小便是神童，后获得邓王赏识，成为邓王府典签，这是他人生中最后的顺途，后来他在邓王府一待就是十年，大好青春全葬送却毫无作为。

邓王爱惜他的才能，多次向朝廷举荐，可惜均无果。直到邓王去世，临终前安排他到益州新都（今四川成都一带）做了个县尉。结果他刚到蜀地就遭小人陷害而下了大狱，险些死在里面，得友人相助才死里逃生。

卢照邻的人生就是无限走下坡路的过程，一惨之后还有更惨，牢狱之灾后，不久就患了不治之症——风疾。“药王”孙思邈都束手无策，这个病不仅治不好，还十分折磨人。他在《释疾文（并序）》中写“寸步千里，咫尺山河”，刚到中年，就已经大半身子不能动了，走路需要爬行。而生病之后的面貌呢，就更加憔悴，《五悲·悲穷通》中写“形枯槁以崎峨，足聊踡（quán）以缁厘”。在病痛折的磨下，他病急乱投医，服丹药反而加重了病情，最终自投颍水而死。

盘点历史上那些著名诗人的最后时刻

卢照邻最后的结局让我们非常惋惜，其实历史上很多著名诗人

高分句子铺

老当益壮，宁移白首之心？穷且益坚，不坠青云之志。

——[唐]王勃《滕王阁序》

落霞与孤鹜齐飞，秋水共长天一色。——[唐]王勃《滕王阁序》

心事同漂泊，生涯共苦辛。无论去与住，俱是梦中人。

——[唐]王勃《别薛华》

的结局都非常凄惨。诗人因其不朽的诗篇或者富有魅力的人格存活在我们的心中，但是归根结底，他们如所有人一样，要经历无法跨越的死亡终点。但是因为他们身负诗名，所以我们为他们的辞世而无限惋惜。

我们所熟悉的很多诗人，他们有的安享晚年，有的英年早逝，有的死于非命，有的疾病缠身，每个人的命运不尽相同。写下名垂千古的《滕王阁序》的王勃，少年英才却不幸溺水早逝，给后人留下了无尽的叹息。除此之外，还有李贺、夏完淳等，他们都是英年早逝。

也有的诗人疾病缠身，痛苦而亡。诸如伟大诗人杜甫，晚年多种疾病缠身，还过着穷困潦倒的生活，一度连饭都吃不上。孟浩然则是背部受伤而后又受到感染，因饮食不当而感染身亡。像嵇康、谢灵运、陈子昂、王昌龄等虽然没有疾病缠身，但是生逢乱世或者政局动荡之时，不幸死于战乱或政变之中。只有幸运如陆游、沈德潜、袁枚等人得以安享晚年，自然终老。李白的死因至今仍然是个谜，但是大家更愿意相信“捞月”的版本。据说李白在一次饮酒之后，因湖中捞月而亡。

这些诗人，因为他们的诗作被广为传诵，所以永远活在后人心中。

热考微阅读

诗词里的秋天都有哪些别称

三秋：古时七月为孟秋，八月为仲秋，九月为季秋，合称三秋，代指秋天。王勃《滕王阁序》就有“时维九月，序属三秋”之句。

西陆：指秋天。《隋书·天文志》载：“日循黄道东行，一日一夜行一度，三百六十五日有奇而周天。行东陆谓之春，行南陆谓之夏，行西陆谓之秋，行北陆谓之冬。”

金天、金秋：古代五行之说，秋属金，故称金天或金秋。王维有诗：“金天净兮丽三光，彤庭曙兮延八荒。”陈子昂有诗：“金天方肃杀，白露始专征。”

素秋：秋属金而色白，秋天又称素秋或白秋。杜甫《秋兴》：“瞿塘峡口曲江头，万里风烟接素秋。”欧阳修《清商怨》：“关河愁思望处满，渐素秋向晚。”

商秋：古以五音（宫、商、角、徵、羽）配合四时，商为秋。商音凄厉，与秋天肃杀之气相应，秋故名商秋。潘尼《安石榴赋》：“商秋授气，收毕敛实。”

白藏：按五色学，秋色为白，秋又是收获储藏季节，故秋被称为白藏。有“白藏”注解曰：“气白而收藏万物。”《尔雅·释天》：“秋为白藏。”

除此之外，秋天还有清秋、高秋、九秋、霜天、白帝（掌管秋天的神）等别称。

第五章

名人朋友圈

张先：他的朋友圈里大咖云集

“红杏枝头春意闹”，著一“闹”字而境界全出；“云破月来花弄影”，著一“弄”字而境界全出矣。

——王国维《人间词话》

真题面对面

【2021年全国新高考Ⅰ卷】

下列说法正确的一项是（ ）

A. 由于诗歌是时间的艺术，在描述一件事情时，即使是高明的绘画也不如诗歌来得生动和明白

B. 绘画只能是对所画对象某一瞬间的定格，因此后人根据画作是推想不出所画对象动作的过程的

C. “红杏枝头春意闹”“春风又绿江南岸”“两山排闼送青来”等诗句化静为动，以动作来描绘景致

D. 沈括质疑了唐代传说，从这个例子可判断，后人关于王维“诗中有画，画中有诗”的说法其实没有道理

提分知识点

《人间词话》是中国近代最负盛名的一部词话著作。“云破月来花弄影”出自宋代文学家张先的代表词作《天仙子》：“水调数声持酒听，午醉醒来愁未醒。送春春去几时回？临晚镜，伤流景，往事后期空记省。沙上并禽池上暝，云破月来花弄影。重重帘幕密遮灯，风不定，人初静，明日落红应满径。”自古以来，大器晚成的名人不在少数，张先也是其中之一。他在不惑之年考中进士，而与他为同榜进士的欧阳修，这时不过二十三岁。

硬核金素材

人物干货

张先，字子野，北宋著名词人，世称张安陆、张三影。

张三影

张先善作慢词，与柳永齐名。张先初以词作《行香子》中“心中事，眼中泪，意中人”之句，被人称为“张三中”。张先对人说：“何不称为‘张三影’？‘云破月来花弄影’‘娇柔懒起，帘幕卷花影’‘柔柳摇摇，堕轻絮无影’，都是我的得意之句。”世人遂称之为“张三影”。

据统计，他的诗词中用“影”字多达二十九处，当然，他所有带

“影”字的词作中，最为著名的要数《天仙子》里的“云破月来花弄影”这一句。除却他自谓张三影，他还有张子野、张安陆、“桃杏嫁东风郎中”等雅号。他身上的光环，不仅是因为他是北宋前期的词坛高手，更是因为他擅长绘画，画的《十咏图》精妙绝伦，加之他的一些逸事，让他在历史长河中熠熠生辉。

豪华朋友圈

曹丕曾说：“文人相轻，自古而然。”这种看法未免太过绝对。张先的朋友圈里集合了许多文坛大腕——梅尧臣、欧阳修、苏轼、晏殊、王安石等，其阵容之豪华，令人瞠目结舌。张先性格开朗乐观，交游甚广，曾和许多文人唱和赠诗。

张先的朋友圈中，最值得提及的是欧阳修。欧阳修与张先虽是同榜进士，但两人原本并不认识。后来欧阳修听到张先的《一丛花令》，立刻被其中的“不如桃杏，犹解嫁东风”所吸引。后来张先拜访欧阳修，欧阳修对他的来访可谓喜不胜言，连鞋子都没有穿好就急切地出来相见，并说“此乃‘桃杏嫁东风’郎中”，张先故得此雅称。

高分句子铺

花不尽，月无穷。两心同。

——[宋]张先《诉衷情·花前月下暂相逢》

奈心中事，眼中泪，意中人。——[宋]张先《行香子·舞雪歌云》

北宋 张先 《十咏图》（局部）

熙宁五年（1072年），张先八十二岁，致仕家居。出于对父亲的怀念，他翻阅父亲生前诗作，对《太守马大卿会六老于南园》的最末两句“他日定知传好事，丹青宁羡《洛中图》”有所触动，创作了这幅《十咏图》

不过，在张先的朋友圈里，最让人津津乐道的是他与苏轼的友情。后人知道两人的往来，多半是由于苏轼曾写过一首词，戏谑张先的老来风流。但敢拿朋友开涮，可见两人的交情匪浅。实际上，张先与苏轼是亦师亦友的忘年交。他和苏轼的交往前后不过七年，却对苏轼接棒欧阳修成为北宋新一代文坛领袖起到了非常重要的作用。

“红杏三影”千百年后又成美谈

张先的豪华朋友圈里大咖云集，其中就包括宋祁，这位在北宋前期的政坛、文坛、学术领域都颇有建树的大家，因一首《玉楼春》中的“绿杨烟外晓寒轻，红杏枝头春意闹”赢得了“红杏尚书”的美名。张先曾任安陆县知县，因此人称“张安陆”，宋祁是安陆人，这也是一种缘分吧。而张先与宋祁的友情历来让人津津乐道。

有一天，宋祁去拜访张先，命人叩门：“我家尚书宋大人（宋祁时任工部尚书）想拜会‘云破月来花弄影’郎中。”张先在家中听闻后，回应道：“莫非是‘红杏枝头春意闹’尚书？”随即开门迎客。两大文坛才子遂把酒言欢，不亦乐乎。

他们的缘分不止于此，没想到数百年后王国维又把他们的名字紧密地联系在了一起。《人间词话》一开头便提出“词以境界为最上，有境界则自成高格，自有名句”。王国维先生将张先与宋祁两人的代表句提名并称，并高度赞扬其意境：“‘红杏枝头春意闹’，著一‘闹’字而境界全出；‘云破月来花弄影’，著一‘弄’字而境界全出矣。”张先与宋祁的朋友缘分，真是牢牢占据了“天时地利人和”。

热考微阅读

宋代送别的风俗

宋代送别有不少风俗。首先，摆酒设宴饯别。古代送别都要饯行，而酒是必不可少的。古人为友人送行，会设帷帐，祭祀路神，所以称为“帐饮”。古时，客船将要启程时要击鼓催客，所以说“兰舟催发”。其次，临别赠言。古人临别时通常都会以口头形式表达自己的不舍和嘱咐，偶尔也会以书面形式表达。最后，摇（遥）装择日。有关摇装的记录最早见于南朝沈约的《却东西门行》：“摇装非短晨，还歌岂明发？”

那么，摇装是什么呢？摇装是从南北朝沿袭到明朝的送行风俗，是指远行者在离家前，选择良辰吉日出门，亲友送至江边，远行者上船行一会儿又折回来，另日再正式出发，以求平安之意。明代姜淮的《岐海琐谈》里记载了这个习俗。根据宋代相关历史记载，宋代很少有夜行船，即使晚上出发也是停宿岸边。

董庭兰：从《别董大》看唐朝人如何表达友情

别董大

［唐］高　适

千里黄云白日曛，北风吹雁雪纷纷。

莫愁前路无知己，天下谁人不识君。

真题面对面

【2021年辽宁本溪中考二模试题】

作文题目：友谊的温度。

提分知识点

这是一首边塞赠别诗。董大，即董庭兰，是唐代著名的琴师。“莫愁前路无知己，天下谁人不识君。”由“莫愁”二字可知，面对离别，董庭兰内心是愁苦的。而高适却希望董庭兰能够化愁苦为力量，勇敢前行。

通过这首诗，我们跨越千年，仿佛看到高适站在董庭兰面前，铿锵有力地对他说：“你是多么优秀的一个人，早已声名远播，普天之下，没有不知道你董庭兰的，前行路上何愁遇不到知己呢？”勉励之情溢于言表。

硬核金素材

人物干货

董大，即董庭兰，唐代著名琴师，师从陈怀古。

唐人习惯用排行数字来称呼人，这在当时既流行，又显亲厚。“以行第系于名者”并不少见，如本诗中的董庭兰，因在家族兄弟中排行第一，故称“董大”。

董庭兰是唐代著名琴师，师从陈怀古，因琴艺高超而受到当时宰相房琯的青睐，成为房琯门下客，史书上有“朝官亦往因庭兰而见琯”的记载。董庭兰一生专心钻研琴曲，为了学习琴技，他走出琴室，周游四方，向优秀的艺人虚心求学。他擅弹《胡笳十八拍》，唐代诗人李颀在《听董大弹胡笳声兼寄语弄房给事》中对董庭兰的琴技进行了生动形象的描绘：“先拂商弦后角羽，四郊秋叶惊摵摵。董夫子，通神明，深松窃听来妖精……川为静其波，鸟亦罢其鸣。”唐代琴师众多，但不止一次出现在唐诗中的，唯有董庭兰。

唐朝版“伯牙与子期”

《列子·汤问》载：“伯牙善鼓琴，钟子期善听琴。”

春秋战国时期，伯牙善鼓琴，却一直没有遇到能听懂自己琴声的知音，直到一次野外弹琴结识钟子期。子期虽为樵夫，却极善听琴，凡是伯牙心中所想，子期必能通过琴音知晓。伯牙志在高山，子期便说：“峨峨兮若泰山。”伯牙志在流水，子期便说：“洋洋兮若江河。”二人心意相通，引为知己。子期亡故后，伯牙在子期的坟前抚了平生最后一支曲子，然后尽断琴弦，终生不复鼓琴。从此，高山流水成为世人传颂的佳话。

一千年后的唐代，琴师董庭兰像伯牙一样身怀绝艺，善弹七弦琴，但当时朝野盛行筚篥演奏的胡乐，所以欣赏董庭兰琴技的人始终寥寥。而高适略通音律，与董庭兰结识后，深知其技艺不凡，欣赏其琴声优美，被董庭兰视为知音。再加上当时的高适正是仕途失意的时候，同样的不得志使得两人更是惺惺相惜。

可天下没有不散的筵席，子期的离去是伯牙心中永远的痛，坟前摔琴永不复鼓，后人在感怀其知己情深的同时，不免感到遗憾和悲凉。反观高适和董庭兰，即将远去的董庭兰，有了高适的信任和鼓励，前行路上想必亦无所畏惧，这对唐朝版“伯牙与子期”带给我们更多的是一种积极乐观的人生态度。正如诗中高适对董庭兰的临行嘱咐：朋友，人生确实艰难，但请你尽管昂首迈步向前。

《诗经·王风·黍离》里说，“知我者，谓我心忧；不知我者，谓我何求”，友情何其珍贵！古今中外，无数人在追寻，也有无数人为此写下文字，留下一段段友情的千古佳话。接下来，让我们走进古人的友情世界。

李白和贺知章的友情：金龟换酒得知己

天宝元年（742 年），已经四十多岁的李白被玄宗召进宫中做官。李白把家里的事情安排妥当之后匆匆赶往长安。但玄宗把他撂在一边，没有马上接见他。当时李白孤身一人住在小客店里，这个消息很快传到了贺知章那里，贺知章十分兴奋。八十多岁的贺知章对李白的才华早就听闻一二，却没有见过本人。

第二天贺知章就迫不及待地去一睹李白的风采。刚一落座，贺知章就追问李白是否有新作拿出来观赏，李白就把自己的《蜀道难》呈给贺知章。读完《蜀道难》，贺知章夸赞不已。过了不久，很多慕名而来的诗人和李白的朋友都赶来了，贺知章主动提出要为李白接风洗尘。这顿饭从中午时分，一直到深夜才吃完，其间人们吟诗作对，好不欢乐。正当人们酒足饭饱的时候，贺知章摸了摸自己的口袋，尖叫一声“坏了”，他发现自己没带钱，该怎么付这顿饭钱呢？他随即要取下金饰龟袋付账。李白阻拦说：“使不得，这是皇家按品级给您的饰品，怎好拿来换酒呢？”但贺知章还是坚持用它付了账。

后来两人成了忘年交，长安城里也有了“金龟换酒”的典故。待到贺知章去世之后，李白独自饮酒，怅然有怀，想起当年金龟换酒，便写下《对酒忆贺监二首》。

愿“以柳易播”，换刘禹锡安乐

柳宗元与刘禹锡自同登进士起便互为知己，风雨同济整整二十六载，堪称当世楷模。

永贞革新失败后，两人一同被贬，柳宗元向刘禹锡发出“晚岁当为邻舍翁”的邀请，许下老来同住的约定，就此分别。

元和十年（815 年）春，两人分别从贬谪地被召回长安，十年离散，一朝重聚。这份喜悦不过持续两个月，朝廷的政令就下来了，二人仍是外派，只是要换个地方。柳宗元被改派为柳州（今属广西）刺史，刘禹锡被改派为播州（辖境相当于今贵州遵义和桐梓等县地）刺史。相对于柳州来说，播州地势更偏僻，环境也险恶得多，刘禹锡此番上任还要带着八十多岁的母亲，其母恐怕是凶多吉少。

柳宗元得知后，竟然冒着顶撞朝廷的罪名，自请用条件稍好些的柳州换刘禹锡的播州。他做出这个决定全然是因为他曾经的遭遇，十年前柳宗元初次遭贬，其母年迈随之前往，结果因为环境恶劣水土不

高分句子铺

冤家宜解不宜结，各自回头看后头。

——[明] 冯梦龙《醒世恒言·张廷秀逃生救父》

服，第二年便去世了。推己及人，柳宗元不愿自己的友人和自己有同样的遭遇，便提出了“以柳易播”。最终在当朝宰相裴度的帮助下，刘禹锡得以改派到连州（今属广东）。宦海沉浮，经历多年人情冷暖，柳宗元仍能舍己为友，是情深使然，亦是品性使然。

元白：坚同金石，爱等兄弟

元稹说他与白居易之间的友情“坚同金石，爱等兄弟”，而且这句话出现在他给白居易母亲所写的祭文之中，更见其感情的真实性。自古文人相轻，元白二人感情如此热络，当然有更深层次的原因。

元稹和白居易少年之时就相识，他们同在贞元十七年（801 年）参加科举，双双中第，后来又一起在华阳观学习，参加难度更大的制科考试，又是双双胜出。少年时的美好记忆当然是不会轻易忘却的。而在长安准备应试的几年间，两人一同学习、一同探讨问题，不论是文学观还是政治观，都高度一致。他们共同发起中唐文学史上著名的新乐府运动，被世人称为“元白”。面对中唐时期日益严重的宦官专权现象，他们奋起反抗，也一起遭到宦官集团的报复。在被贬之后，两人在经济上互相扶持，精神上互相鼓励，虽然见面的日子很少，但通过诗文保持着密切的联系。最出名的应数白居易写给元稹的《与元微之书》：“微之微之！不见足下面已三年矣，不得足下书欲二年矣，人生几何，离阔如此？”

热考微阅读

管鲍之交：朋友交往的典范

管仲与鲍叔牙都是春秋时期齐国著名的政治家。他们之间的交往被后世称为“管鲍之交”。

年少之时，管仲和鲍叔牙一起做生意，管仲出的成本少，拿的分红却多。别人认为管仲太贪婪，只有鲍叔牙理解他：“他家里生活太困难，我主动分给他的。”管仲带兵打仗，进攻之时躲在队伍后面，撤退时却跑在队伍前面。别人认为他贪生怕死，不愿跟随他，鲍叔牙为管仲辩解：“他家里还有老母亲需要奉养，所以不得不爱惜生命。”管仲听到后感叹说：“生我者父母，知我者鲍子也。”

后来两人一起参政，管仲辅佐公子纠，鲍叔牙辅佐公子小白。公子纠与公子小白因为争夺齐国国君之位发生冲突，管仲一箭射中了公子小白的衣带钩。后来公子小白成功即位，一心要杀死管仲，鲍叔牙不仅为管仲求情，还向已经是齐桓公的公子小白大力推荐，认为管仲是治国图霸的人才，其才干比自己强多了。齐桓公听从鲍叔牙的建议，任用管仲为相，齐国大治，称霸于诸侯。

世间人与人之间多为利益往来，朋友之间也不例外。而管鲍之交，超越了个人利益，因而他们的交往更加纯洁真挚，这也是后人称赞的原因吧。

孟浩然：盛唐“山水田园诗派”第一人

春　晓

［唐］孟浩然

春眠不觉晓，处处闻啼鸟。

夜来风雨声，花落知多少。

真题面对面

【2020年北京中考试题】

孟浩然的《春晓》（“夜来风雨声，花落知多少”）与龚自珍《己亥杂诗（其五）》（“落红不是无情物，化作春泥更护花”）都写到了落花。请简要说明两位诗人分别借“落花”表达了怎样的情感。

提分知识点

孟浩然的《春晓》大家耳熟能详，老少妇孺皆会背诵，看似平淡无奇的诗句到底有什么样的魅力呢？这首小诗没有华丽的辞藻堆叠，却能让人百读不厌，回味无穷。诗歌若行云流水般自然，意境深远，能将读者带入春的盛景，诗中所写的画面让人觉得仿佛就在眼前。

硬核金素材

人物干货

孟浩然，字浩然，世称孟襄阳，唐代山水田园派诗人，有《孟浩然集》。

一介布衣，却结交甚广

在盛唐诗人中，孟浩然是终身不仕的一位。他出生在武则天登基之时，一直到唐玄宗肃清宫廷内乱、稳定政局的这三十多年里，他一直在风景秀丽的家乡襄阳（今属湖北）过着安详宁静的生活。四十岁时，孟浩然考过一次进士，但是没有考中，也写过干谒诗《望洞庭湖赠张丞相》，但是并没有得到理想的结果，在自己的政治抱负和入世愿望得不到满足之后，他选择了归隐山水田园之间。

孟浩然的祖上家境殷实，不必为谋生而奔忙，而儒家耕读的传统与东汉末年就盛行的隐逸风尚培养了他好读书而且向往隐逸生活的品格。在仕途不顺之后，孟浩然选择归隐，回到生活本身。

孟浩然虽然只是一介布衣，却结交甚广，朋友中不乏朝廷高官，除了张九龄、王维，还有以喜欢提拔后进闻名的韩朝宗、贺知章等人。此外，与孟浩然交往的朋友中有不少是僧人、道士和隐逸之人，这在他的诗歌中多有体现，如《襄州景空寺题融上人兰若》中的高僧融上人、《还山贻湛法师》中的高僧湛然法师等。与这些隐士的交往，自然会强化他隐逸避世、超然物外的思想。对他孤高的性格而言，隐居是最适合他的生活方式了，不用看别人脸色，也不会被人误解。

孟浩然的早年生活经历，使他形成了简单淳朴的诗歌风格，这也使他成为继陶渊明之后最杰出的山水田园诗派代表。他的诗歌中，既有对隐逸生活的描写，也有对隐士情怀的向往之情。虽然如此，我们还是可以从一些细微处看到孟浩然心中那一丝不能建功立业的惆怅之情。

孟浩然是真正的隐士吗

盛唐隐逸之风甚烈，名隐辈出。孟浩然本性高逸，以隐逸闻名于世，被誉为盛世隐士之典型，但孟浩然是真正的隐士吗？

唐代隐逸无外乎如下三种模式：为仕而隐，时称“终南捷径”；仕进无门或仕途遇挫而隐；亦官亦隐，休沐田居。孟浩然与僧道交游，处处彰显其隐逸情怀，然孟浩然隐逸并非始终如一。孟浩然终身活跃于文人政治社交圈，一则缘于其诗才出众，备受官吏推崇；二则孟浩然主动交游使然，寻求官友举荐入仕。细察孟浩然交游赠答之作，可窥见其为仕而隐之心，其诗中云“昼夜常自强，词翰颇亦工”“为学三十载，闭门江汉阴”，又如“欲济无舟楫，端居耻圣明；坐观垂钓者，徒有羡鱼情”“今日龙门下，谁知文举才”，从这些可知，孟浩然早年并非纯粹的隐者，相反，其入世之心强烈。

屡次求人引荐无果之后，孟浩然选择赴长安应举，可事与愿违，举进士不第，孟浩然心灰意冷，遂宣称“跃马非吾事，狎鸥真我心”（《秦中苦雨思归，赠袁左丞、贺侍郎》），表示自己不趋富贵，而欲归隐山林。

与王维并称“王孟”

孟浩然在三十九岁之前一直隐居在襄阳岘山附近的涧南园，唐玄宗开元十六年（728 年），他决定赴京赶考。唐朝主要以诗赋取士，孟浩然初到长安，名声不够，也没有重要官员的引荐，因此名落孙山。孟浩然落第之后留在长安，广泛结交，因才气出众，很快在长安文人中享有盛名，与王维并称“王孟”，结为知己好友。

留别王侍御维

[唐]孟浩然

寂寂竟何待，朝朝空自归。
欲寻芳草去，惜与故人违。
当路谁相假，知音世所稀。
只应守寂寞，还掩故园扉。

此诗是孟浩然应进士试失意后所作。颔联“欲寻芳草去，惜与故人违”，是惜别之情。“芳草”原喻美好的品德。诗人在此处指美好的处所，即喻隐逸生活。一个“惜”字充分地显示出诗人内心的矛盾与斗争：想留而不得，想去而不舍。我们也由此可看出孟浩然同王维的深情厚谊。

功名已无望，不如归隐。语气沉痛，充满怨怼之情，辛酸之泪。一个“谁”字，反诘得颇为有力，表明他切身体会到世态炎凉、人情如水的滋味。一个“稀”字，又准确地表达出知音难遇的社会现实。尾联“只应守寂寞，还掩故园扉”，“只应”二字况味十足，对诗人而言似乎归隐是唯一可以走的路了，赴京应举只是一厢情愿的一场误会，大有“我本以为我可以”的心酸。此诗语言平淡通俗，亦不讲究对偶，像是诗人的喃喃自语，所以十分自然。寥寥数语，把落第的心境、情境、困境表现得颇为深刻。

传说王维曾私邀孟浩然入内署，恰逢唐玄宗到这里，孟浩然诚惶诚恐，惊避床下。王维不敢隐瞒，据实向唐玄宗奏闻。唐玄宗便命孟浩然出来觐见。唐玄宗让孟浩然读读自己写的诗，孟浩然选了《岁暮归南山》这首，读到“不才明主弃”这句时，唐玄宗面露不悦，说：“卿不求仕，而朕未尝弃卿，奈何诬我！”遂放归襄阳。在这之后孟

高分句子铺

野旷天低树，江清月近人。——[唐]孟浩然《宿建德江》

人事有代谢，往来成古今。——[唐]孟浩然《与诸子登岘山》

草木本无意，荣枯自有时。

——[唐]孟浩然《江上寄山阴崔少府国辅》

浩然便漫游吴越，穷极山水之胜。但这毕竟只是逸闻，事实上孟浩然和唐玄宗从未见过面。

李白：吾爱孟夫子，风流天下闻

黄鹤楼送孟浩然之广陵

［唐］李　白

故人西辞黄鹤楼，烟花三月下扬州。

孤帆远影碧空尽，唯见长江天际流。

古往今来，诸多文人都把诗仙李白当成自己的偶像，比如“诗圣”杜甫，那可是李白粉丝团的团长，写了好几首“表白”李白的诗作。殊不知，偶像李白也有自己的偶像。在前代诗人中，李白最崇拜谢朓，他曾经说过“一生低首谢宣城”，这里的谢宣城，就是谢朓。谢朓与“大谢”谢灵运同族，世人称之为“小谢”。

而在同时代的诗人中，李白则最崇拜孟浩然。李白出川游历时与早已名满天下的孟浩然结交，孟浩然比李白年长十二岁，但是这并不影响他们交情深厚。后生对前辈的崇拜，有诗为证，李白在《赠孟浩然》一诗中表达了对孟浩然的真切爱慕之情，“吾爱孟夫子，风流天下闻。红颜弃轩冕，白首卧松云”，浪漫潇洒如李白，竟对孟浩然如此崇拜。

在黄鹤楼，当李白要与自己的偶像分别时，自然是万分不舍。但是以李白浪漫的性情和天才的思维，他的不舍之情的表达自然与常人不同。从诗中我们可以看到，虽是离别之作，却无凄婉之情，反而明净而大气，仿佛自己的心也跟着好友孟浩然跨越山水，去往那繁华的扬州，领略一路的风景。

热考微阅读

五陵——长安富豪聚居区

五陵在长安附近，得名于汉朝五个皇帝的陵墓，分别是长陵、安陵、阳陵、茂陵和平陵。其中，长陵是汉高祖刘邦的陵墓，安陵是汉惠帝刘盈的陵墓，阳陵是汉景帝刘启的陵墓，茂陵是汉武帝刘彻的陵墓，平陵是汉昭帝刘弗陵的陵墓。从刘邦开始，汉朝统治者每当在此建成陵墓，便令高官和富豪迁居于此。

到了唐朝，五陵已然成为贵族和富豪的聚居区，“五陵少年”也成为富家子弟的代称。李白在《少年行（其二）》中便描绘了风流多金的五陵少年：“五陵年少金市东，银鞍白马度春风。落花踏尽游何处，笑入胡姬酒肆中。”白居易的《琵琶行》中也有五陵少年争相赏赐歌女锦帛的壮观场面。孟浩然的《送朱大入秦》中有诗句“游人五陵去，宝剑值千金”，孟浩然的好友朱大要去的地方正是五陵。

王之涣：唐代流行歌曲之王

登鹳雀楼

［唐］王之涣

白日依山尽，黄河入海流。
欲穷千里目，更上一层楼。

真题面对面

【2022年安徽合肥中考试题】

初中毕业前的最后一节班会课上，班长借用古诗词饱含深情地表达心声。

亲爱的同学们，初中生活即将结束，展望未来，我们既要有“________________，______________”（杜甫《望岳》）的豪情壮志，也要有“________________，______________”（王之涣《登鹳雀楼》）的进取精神；敬爱的老师，这些年，您“____________，____________”（李商隐《无题·相见时难别亦难》）的无私奉献精神滋养了我们，求学路上，感恩有您!

提分知识点

登楼远眺赋诗一首，似乎已成为中国文人的一种文化情结。古诗词中，不乏吟咏登楼所见所感而脍炙人口的佳作。所谓“少年不识愁滋味，爱上层楼”，登楼所见，无论是壮阔的黄河日落，还是物候变化、由盛而衰的“无边落木”“天凉好个秋”，抑或是“小楼昨夜又东风”“无言独上西楼，月如钩”的寂寞凄凉，总能引发诗人无限的遐思与感慨。王之涣的这首《登鹳雀楼》，以“欲穷千里目，更上一层楼”即景生意的两句诗，把诗篇推引至更高的境界，向读者展示了更广阔的视野。

硬核金素材

人物干货

王之涣，字季凌，晋阳（今山西太原西南）人，后迁至绛县（今属山西），以善于描写边塞风光著称。

王之涣“旗亭画壁”

王之涣，盛唐时期谜一样的诗人，史料中关于王之涣的记载寥寥。关于王之涣的故事，最有意思的莫过于“旗亭画壁”，记载于唐人薛用弱撰写的《集异记》中，即开元年间，王昌龄、高适、王之涣偷听歌女唱诗的故事。

有天小雪，三位诗人为避喧闹进了旗亭饮酒，旗亭即酒楼，常有梨园歌伎登楼会宴。王昌龄对高适和王之涣说：“我们三人都以诗知名，每每分不出高下。现在我们在此偷听诸歌女歌唱，谁的诗入乐配词最多，谁就优胜。”三人都说好。不一会儿，一位歌女唱道：“寒雨连江夜入吴，平明送客楚山孤。洛阳亲友如相问，一片冰心在玉壶。”这是王昌龄的《芙蓉楼送辛渐》，王昌龄用手在壁上一画，道：“一绝句！”不一会儿，一位歌女唱道：“开箧泪沾臆，见君前日书。夜台今寂寞，犹是子云居。”这是高适的《哭单父梁九少府》，高适也用手在壁上一画，道：“一绝句！”第三位又唱了一首王昌龄的《长信秋词》。于是，王昌龄得意地在壁上又一画：“二绝句！”始终没有歌女唱王之涣作的诗歌。王之涣徐徐地对高适、王昌龄说：“这些唱你们诗作的皆是潦倒乐官，只会唱一些‘下里巴人’的词。我的诗是‘阳春白雪’之曲，俗物敢近哉？”然后指着其中一位最漂亮的歌女说：“这个女子所唱如非我诗，我就终身不敢与你们争衡。如果是我的诗，你们当列拜床下，奉吾为师。”三人大笑，在里间等候着。等到这位歌女歌唱时，开口便是“黄河远上白云间……”（《凉州词》）。王之涣笑着对王昌龄和高适说：“你们看，我没有说错吧？”三人皆大笑。

故事虽然可能是杜撰的，但足见王之涣的《凉州词》在当时的知名度，也可窥见王之涣、王昌龄、高适等盛唐诗人的诗作通俗晓畅，深受乐坊欢迎。

《登鹳雀楼》一诗，激励人们“更上一层楼”

登名楼，观名景，赋名诗

《登鹳雀楼》被后世誉为唐诗“五绝”之首，这首诗是王之涣中年时，登上古蒲州城外黄河岸边的鹳雀楼即兴所作。

古人登楼题诗题词实属稀松平常。因诗词题记而闻名的楼台，大家较为熟知的有黄鹤楼、鹳雀楼、岳阳楼、滕王阁、幽州台、醉翁亭、京口北固亭等。鹳雀楼又名鹳鹊楼，据《清一统志》记载，楼的旧址在山西蒲州（今山西永济）西南，黄河的中高阜处，时有鹳雀栖于其上，由此得名。

在古典诗词中，“高楼”是一个应用非常广泛的意象。“楼”作为一种建筑物，其突出特点是高于其他建筑，人在其上，视野自然开阔。与之搭配的“登上高楼”，也因为作者视野发生变化以及个人心境与情感的不同，延伸出不同的况味。

东汉时期，中国最早的五言组诗《古诗十九首》中，有一首专门描写高楼：

“西北有高楼，上与浮云齐。交疏结绮窗，阿阁三重阶。”这两句之后开始描写人在高楼之上奏唱弦歌，却无知音欣赏，表达了作者雄心万丈却报国无门的苦闷和感慨。高楼在此只是后文描写琴声的铺垫，却感染上悲苦之气，这种悲苦在之后描写高楼的诗词中被人们一次次提起。李煜在《相见欢》中写下“无言独上西楼，月如钩”后，便紧接着说起寂寞离愁。辛弃疾在《水龙吟》里写自己登上建康赏心亭的情景：“楚天千里清秋，水随天去秋无际。遥岑远目，献愁供恨，玉簪螺髻。落日楼头，断鸿声里，江南游子。把吴钩看了，栏杆拍遍，无人会，登临意。”心头涌起的，依旧是虏寇入侵中原、壮志难以实现的苦闷哀愁。

但在另一些时候，登上高楼，恰恰是前途锦绣、壮志得以实现的象征。王之涣《登鹳雀楼》所写的“欲穷千里目，更上一层楼”，不正是作者不凡的胸襟抱负及未来光明前途的体现和彰显吗？

古人的登高情结有多强

登高诗是中国古典诗词中的一个重要类别，有着悠久的历史文化

高分句子铺

羌笛何须怨杨柳，春风不度玉门关。

——[唐]王之涣《凉州词·其一》

今日暂同芳菊酒，明朝应作断蓬飞。——[唐]王之涣《九日送别》

传统。登高就是登临高处，主要指登山、登楼、登台、登塔等。古代士大夫有“君子登高必赋”的习惯，东汉班固所作的《汉书·艺文志》更是将“登高作赋”作为士大夫身份的一种资格单独提出，表达为“登高能赋，可以为大夫”。能在登高活动中作赋言志，成了考验一个人是否为士大夫的重要标准之一。

其实在用诗歌表达登高之悲的独特感受古已有之。《诗经》中的《周南·卷耳》有“陟彼高冈，我马玄黄。我姑酌彼兕觥，维以不永伤”，用男女对唱表达男子行役在外、家国不能两全之悲。到了东汉魏晋时期，战事不断、去国离乡，悲歌慷慨的登高之作迭出。“三曹”诗更是站在国家的角度，用登高所见生灵涂炭、山河破碎表达对战争的深思与对人生短暂、渺小的哀歌。

钱锺书在《管锥编》中将这种中国古代士大夫“登高望下，使人心悲”的共同心境称为“农山心境”。此语出自汉代刘向《说苑·指武》：“孔子北游，东上农山，子路、子贡、颜渊从焉。孔子喟然叹曰：‘登高望下，使人心悲……’”

为何有此“农山心境”呢？宋玉在《高唐赋》中给出了答案：“长吏堕官，贤士失志，愁思无已，叹息垂泪，登高远望，使人心瘁。”士大夫登高望远，目见苍茫，体会个体在绵亘时空中的渺小，联想到自身多舛的境遇和充满变数的未来，悲从中来。

面对现实的不遇，诗人感受到个体生命的渺小与伟大理想的距离，进而在宇宙浩瀚中体会到“俯仰之间已为陈迹”，生命短暂而天地永恒的感伤，化为一曲曲悲歌。

热考微阅读

唐朝时期如何让一首诗爆红

唐朝有一位隐士，名唐球，为求诗作能够让更多人读到，在去世前把自己的诗稿团成团，放入一大瓢内，命人将大瓢投入锦江，期待着有缘之人拾起。他一直祈祷："此瓢倘不沦没，得之者方知我苦心耳！"这种漂流瓶式的传播方式也算是出奇制胜了，并且取得了一定效果。有人乘船打捞，得诗数十篇，虽有大部分诗稿流失，但唐球获得了"诗瓢"之名，这也成了一桩千古佳话。

那么，还有没有其他更靠谱的传播方式呢?

一种是题壁。唐朝的诗人们最爱在各地驿馆题诗，此地人员流动性强，为诗的传播提供了非常好的条件。白居易曾一路在各地驿馆寻找好友元稹的题诗，找到了就和上一首，此举也成为友谊的象征，被传为佳话。但是，驿站的墙就那么宽，全部被写满了怎么办?很简单，重新刷一遍。驿馆题诗的短板就是"宣传周期"不够长!

另一种比较管用的方式是歌女的演绎。诗歌经由名妓口中唱出，易于让更多人传唱，因而流行度更高。当年王之涣、李益的诗一写完，马上由乐工谱曲，供歌伎传唱。当时王维的《送元二使安西》最为流行，更是由江南传唱到江北，是饯行之宴的必唱曲目，诗歌知名度可想而知。不过，诗歌能否风靡全国，有很大的运气成分。比如，皇帝也爱读某位诗人的诗，那么这位诗人的诗有可能风靡全国。骆宾王、卢纶、元稹，他们的诗就曾被皇帝点名要读。

高适：因军功而封侯的诗人

燕歌行（并序）

［唐］高　适

开元二十六年，客有从元戎出塞而还者，作《燕歌行》以示，适感征戍之事，因而和焉。

汉家烟尘在东北，汉将辞家破残贼。
男儿本自重横行，天子非常赐颜色。
摐（chuāng）金伐鼓下榆关，旌旆逶迤碣石间。
校尉羽书飞瀚海，单于猎火照狼山。
山川萧条极边土，胡骑凭陵杂风雨。
战士军前半死生，美人帐下犹歌舞！
大漠穷秋塞草腓，孤城落日斗兵稀。
身当恩遇常轻敌，力尽关山未解围。
铁衣远戍辛勤久，玉箸应啼别离后。
少妇城南欲断肠，征人蓟北空回首。
边庭飘飖（yáo）那可度，绝域苍茫无所有。

杀气三时作阵云，寒声一夜传刁斗。

相看白刃血纷纷，死节从来岂顾勋！

君不见沙场征战苦，至今犹忆李将军。

真题面对面

【2023年湖北荆门高三联考】

在中国历史上，汉朝统治强盛，古诗文中唐朝诗人经常用“汉”代替“唐”来称谓，如高适的《燕歌行》中的“________________”，王维《使至塞上》中的“________________”。

提分知识点

《燕歌行》是高适的代表作，不仅是高适的“第一大篇”（近人赵熙评语），而且是整个唐代边塞诗中的杰作，千古传诵，良非偶然。清代诗人沈德潜评价道，“鱼龙百变，又不可一格论”。

全诗以浓缩的笔墨写了一场战役的全过程：出师、战败、被围、结局，各段之间脉理绵密。诗的开头指明了战争的方位和性质。“男儿本自重横行，天子非常赐颜色”，貌似揄扬汉将去国时的威武荣耀，实则隐含讥讽，预伏下文。第二段写战斗危急而失利。落笔便是

“山川萧条极边土”，展现开阔而无险可凭的地带，呈现一片肃杀的气氛。“美人帐下犹歌舞”，这样严酷的事实对比，有力地揭露了汉军中将军和士兵的矛盾，暗示了必败的原因。第三段写士兵的痛苦，实则是对汉将更深的谴责。最后四句总束全篇，淋漓悲壮，感慨无穷。最后，士兵们与敌人短兵相接、浴血奋战，那种视死如归的精神，岂是为了取得个人的功勋？他们是何等质朴、善良，何等勇敢，然而又是何等可悲！

硬核金素材

人物干货

高适，字达夫，唐代边塞诗派的主要代表，与岑参并称“高岑”，著有《高常侍集》。

盛唐时期的文人，心中都有个侠客梦，高适便是其中的代表人物，他的诗歌中多次出现指代侠客的“刀剑意象”，除了《送李侍御赴安西》中的“离魂莫惆怅，看取宝刀雄”，还有《塞上》中的“倚剑欲谁语，关河空郁纡”，《自蓟北归》中的“谁怜不得意，长剑独归来”。

不只是高适，《新唐书·文艺中》中说李白“喜纵横术，击剑，为任侠”，后人所绘的李白画像中，也经常能看到其腰佩宝剑的身影。李白有诗《白马篇》：“酒后竞风采，三杯弄宝刀。杀人如剪草，剧孟同游遨。”诗中充满对侠义之士的崇拜与向往。这种风潮渗透至盛唐的大量诗作中，被统称为“任侠”风，成为唐诗中“盛唐气象”的重要组成部分。

永不言败的人生，究竟有多励志

高适是唐代著名的边塞诗人，但在前半生，他穷困潦倒，甚至沦落到乞食度日。在二十岁时，高适便仗剑出游长安，开始了逐梦之旅。他参加了科举考试，虽然对自己的才学颇为自信，但名落孙山。不过科举失利并没有磨灭高适的志气，他一边继续埋头读书，一边交游，

边塞诗常见的意象有边关、玉门关、羌笛、胡人、胡马、黄河、长城、明月、阴山、黑山等

等待着下一次机会。开元十九年（731 年），高适北上蓟门（治渔阳，今天津蓟州），在边塞游走两年后，终因"此路无知己"，无奈地结束了这次行程。回到现实中的高适，又参加了几次科考，都一样名落孙山，这个时候的高适，穷困潦倒。

命运的转机发生在天宝十一载（752 年），时任陇右（唐朝方镇名，治所鄯州即今青海乐都县）节度使的唐朝名将哥舒翰看中了他，邀请他加入自己的幕府。从此高适的人生峰回路转。安史之乱爆发，唐玄宗下诏哥舒翰讨伐叛军，同时命高适辅佐哥舒翰镇守潼关（今陕西潼关）。在杨国忠的怂恿下，唐玄宗下诏命哥舒翰出关迎敌。哥舒翰被逼无奈，"恸哭出关"，最终兵败被俘，变节投敌。潼关失守后，唐玄宗被迫出走四川。高适抄小路星夜兼程追上玄宗，总结了失败的原因并献出计策，得到唐玄宗赏识，这才有了步入仕途的机会。后来他毅然投笔从戎，十年间就从舞文弄墨的诗人一跃而成纵马疆场的将军。

《旧唐书·高适传》中说："有唐以来，诗人之达者，唯适而已。"高适能从一个穷困潦倒的中年书生一跃成为唐代仅有的因军功而封侯的诗人，他的一生，可以说是一场华丽的"逆袭"。

盛唐时期"铁三角"

高适对杜甫的情意极为深厚。高适境遇好的时候常年救济杜甫，他最感人的诗作是写给杜甫的。可杜甫的诗作中写给李白的居多，然而这并不代表杜甫对高适的情意就浅。高适与杜甫的交情是在一次又一次交游中建立起来的，当然其间多是李白、杜甫、高适三人同行，三人是盛唐时期远近闻名的铁三角。

可杜甫在食不果腹的时候第一时间通过书信求助的人，是高适。诗的名字叫作《因崔五侍御寄高彭州》：“为问彭州牧，何时救急难？”彭州牧即高适。若非交情深厚到一定地步，杜甫应该不会主动提出要高适救济。当时的高适深受皇帝赏识，是一众文人中最富贵的一位，而他对待杜甫也一直是“苟富贵，无相忘”的态度。高适晚年改任蜀州刺史，杜甫便专程赶到蜀州去探望，次年初春，高适瞧着满园寒梅回想起两人相聚的光景，思念之情顿起，连夜写诗给杜甫，便是传颂后世的《人日寄杜二拾遗》，这是高适晚年诗作中最感人的一篇，情感真挚令人动容，其中“今年人日空相忆，明年人日知何处”一句甚至看不见高适的“文风”。

后高适离世，杜甫作《闻高常侍亡》悼念。高适离世六年后，杜甫再次将高适写给自己的《人日寄杜二拾遗》翻出来，一边流泪一

高分句子铺

我本渔樵孟诸野，一生自是悠悠者。——[唐]高适《封丘作》

莫愁前路无知己，天下谁人不识君。——[唐]高适《别董大》

功名万里外，心事一杯中。——[唐]高适《送李侍御赴安西》

边写回赠诗《追酬故高蜀州人日见寄语（并序）》，仿佛高适还在世一般，当时距高适赠诗《人日寄杜二拾遗》已过了十年。十年生死事，在杜甫看来，也不过是昨日。

热考微阅读

中国古代的信使——邮驿

自上古时期我国就有了邮驿制度，主要以步行、乘车或骑马来传递消息，又称驿传。这是我国历朝历代设立的官方通信形式，以传递文书信件为主。汉武帝前后时期的文献中正式出现了“驿”，之后的各个朝代对邮驿的重视无以复加，且律法严明、制度完备，发展至水陆皆通，保证信息传递的迅速、准确和安全。

唐朝时大修驿道，建立驿馆。驿馆分为陆驿和水驿两种，每个陆驿有八到七十匹马，每个水驿有二到四只船，按照规模的不同，大的叫作驿，小的叫作馆。驿馆每三十里便有一处，根据地形的不同会稍加变通。在当时，全国设驿一千六百多处，陆驿有一千两百多处，水驿有两百六十多处，水陆兼办的八十多处，且每座城的驿道都从城中辐射至郊外四周，再各自连接起来，这就形成了一个庞大的通信网络。

传递消息的人就是驿使，他们不能无故滞留驿馆，这是为了确保消息的快速传递。诗人岑参也在《初过陇山途中呈宇文判官》中描写了唐朝时的邮驿：“一驿过一驿，驿骑如星流。平明发咸阳，暮及陇山头。”当时的邮驿盛况皆浮现在眼前。

王昌龄：为什么被称为“七绝圣手”“诗家天子”

出　塞

［唐］王昌龄

秦时明月汉时关，万里长征人未还。
但使龙城飞将在，不教胡马度阴山。

真题面对面

【2019年福建漳州高三第二次质量检测试题】

有人推荐《出塞》一诗为唐人七绝压卷之作，乃是平凡之中见妙处，而妙就妙在“秦时明月汉时关”，试分析这句诗的妙处。

提分知识点

此诗是组诗《出塞》的第一首，是唐代边塞诗的代表作，也是王昌龄七言绝句的代表作。诗人身在西域，体验到自然环境之恶劣、战争之残酷、军旅之艰辛，眼看边乱不断。此诗借秦汉之事，讽刺当朝穷兵黩武却剿匪不力，盼望良将出现，能够早日平定边关，使战士归家，百姓安居乐业。

“但使龙城飞将在，不教胡马度阴山。”若是此时“龙城飞将”还在，一定不会给胡人越过阴山的机会，又怎么会像现在这样，久陷战争泥潭无法脱身？“龙城飞将”用典，代指奇袭龙城的卫青和“飞将军”李广，二人都是西汉骁勇善战、战功赫赫的名将，为汉代的边关安宁做出了巨大的贡献。诗人盼望着能有这样卓越的将领指挥军队打胜仗，保卫祖国的安宁，终结战争给人们带来的灾难。

这首诗篇幅短小，情感却非常丰富。情景交融，用典自然，修辞恰当，韵律严整，明代诗人李攀龙推举它为唐人七绝的压卷之作。

硬核金素材

人物干货

王昌龄，字少伯，盛唐著名边塞诗人，代表作有《出塞》《从军行七首》《闺怨》。

诗家天子王江宁

人们以“诗家天子”来称呼王昌龄，足以见他在盛唐诗坛的地位。但是王昌龄的一生并非如我们所以为的那般顺风顺水，志得意满。历史上对王昌龄的记载不多，在新旧唐书中，关于他的介绍加起来不过一百五十字。

王昌龄一生中做的官都不大，最大的就是江宁县丞，后人以他的官职称呼他为“王江宁”。他一生仕途较为坎坷，屡遭贬谪，先被贬至岭南（今广东、广西一带），后来返回长安，不久后受到诽谤，又被贬到龙标（今湖南黔阳），至于被贬的理由，史书上说的是“不矜细行，谤议沸腾”，就是说他的言行有违封建礼法，被朝廷所不容。欲加之罪，何患无辞，所以王昌龄愤懑不平，只能以“一片冰心在玉壶”表达自己的清白。

他与李白是好友，当时李白已被朝廷排挤出来，心情苦闷忧愤。当王昌龄被贬龙标的消息传来时，李白深感同情与不平，写下《闻王昌龄左迁龙标遥有此寄》一诗寄给远方的好友，希望给予精神上的慰藉和道义上的支持。

人缘极好的“七绝圣手”

王昌龄一生经历坎坷，但是他的诗名闻名天下。他以七绝最为拿手，被人称为“七绝圣手”，现存诗歌一百八十余首，赠答送别诗五十余首，情感真挚，发自肺腑，少有对声色犬马的流水记叙或觥筹交错间的官场敷衍，故多有名篇。与此同时，王昌龄性格上不拘小节，随和、重情，与李白、孟浩然、岑参、高适、王之涣等都是好友，在“圈内”人缘极好。

他赠了很多诗给朋友，朋友也写了很多诗给他。两次遭贬，都有许多好友写诗同情他、鼓励他，替他叫屈，比如孟浩然的《送王昌龄之岭南》、岑参的《送王大昌龄赴江宁》，前面提到的李白的《闻王昌龄左迁龙标遥有此寄》。

他与孟浩然的故事也叫人感叹。有一年夏天，孟浩然背上长了一个脓包，病情加重，医生嘱咐他切忌吃食鱼鲜。第二年春天，王昌龄从贬谪之地岭南归京，官复原职，路过襄阳探访孟浩然。看老友劫波渡尽，孟浩然欣喜万分，用襄阳名菜鳊鱼招待他，二人纵情宴饮，结果旧疾复发，还没等到王昌龄离开襄阳，孟浩然就猝然离世了，享年五十二岁。可见文人的真性情，到了连命都抛之脑后的地步。

古时交通不便，再加上路途遥远，友人一别就是数年，若去了偏远地区，连书信都很难寄到，所以古人十分重视离别。但是在王昌龄的赠别诗中，我们很难看到极度灰色的字眼，他深知离别愁苦、人生无常，文人又在离别时格外敏感，于是他不愿再给朋友增加心理负担，所以即使难舍难分，境遇困苦，他也能以诗与友人共勉，表达随遇而安的乐观，抒发兼济天下的信念。如此细腻的情思，一定是设身处地为他人着想才能产生的。而王昌龄能够收获那么多好友，也在情理之中了。

唐代的边塞诗为何那么有名

唐代是诗歌的时代，唐代的边塞诗是唐诗世界里最为雄壮巍峨的殿宇和山峰。没有边塞诗，唐诗必将黯然失色。从先秦的《诗经》开始，边塞诗就已经出现，但只有唐代的诗人如王昌龄、岑参、高适等，将边塞诗推上令后人景仰的巅峰。

唐代边塞诗的发展与唐王朝对外频繁发起战争直接相关。

在这样的时代背景下，一大批优秀的边塞诗歌产生了，这些边塞诗的主旨大体分为两种。其一是将士们渴望荡平外敌、建功立业的豪情壮志，包括对边塞辽阔风光的描写等，代表作如王昌龄的《从军行》："青海长云暗雪山，孤城遥望玉门关。黄沙百战穿金甲，不破楼兰终不还。"其二则写将士们思念故土亲人、渴望早日归家的乡愁情思，包括对残酷战争的控诉以及与亲人离别的哀愁痛苦，如王昌龄的另一首《从军行》："琵琶起舞换新声，总是关山旧别情。撩乱边愁听不尽，高高秋月照长城。"这些边塞诗歌，总体而言表现出以下特点：风格雄浑豪迈、壮丽瑰奇，语言平实质朴，具有较强的感染

高分句子铺

黄沙百战穿金甲，不破楼兰终不还。

——[唐]王昌龄《从军行七首·其四》

青山一道同云雨，明月何曾是两乡。——[唐]王昌龄《送柴侍御》

洛阳亲友如相问，一片冰心在玉壶。

——[唐]王昌龄《芙蓉楼送辛渐》

忽见陌头杨柳色，悔教夫婿觅封侯。——[唐]王昌龄《闺怨》

力，它们共同构成唐诗花园中的一朵绚丽奇葩，成为诗歌创作史上不可多得的经典。

魂断亳州的千古之谜

“诗家天子”王昌龄在当时官职不大，屡遭贬谪，但才名很高，性格淳厚，是一个“与物无伤”“仁有余地”的人。这样一个性格淳厚的人，却在安史之乱爆发后的归乡途中被亳州刺史闾丘晓杀害，实在令人气愤，更令人惋惜。

闾丘晓为什么要杀王昌龄？史料中并没有明确的记载，只元人辛文房《唐才子传·王昌龄》中说：“以刀火之际归乡里，为刺史闾丘晓所忌而杀。”对“忌而杀”三字，有人猜测，闾丘晓执拗乖僻，不顾恩义，是王昌龄的耿直性格和不拘小节触怒了闾丘晓，从而招来杀身之祸；还有人猜测，是闾丘晓嫉妒王昌龄的才名，所以杀之而后快。

不过，杀害王昌龄的闾丘晓最终得到了应有的惩罚。就在王昌龄死后不久，时任河南节度使的张镐命令闾丘晓带兵支援睢阳（今属河南商丘）张巡，闾丘晓故意拖延时间，迟迟不出兵，睢阳最终被安禄山一方攻陷。张镐大怒，下令杖杀闾丘晓。行刑前，闾丘晓害怕了，乞求说自己还有双亲需要奉养，能不能放他一条生路，张镐只回了一句话，便让闾丘晓无话可说：“王昌龄的亲人，又由谁来养呢？”闾丘晓因怠慢军令固然该有此罪，但张镐的做法和言语，也算是为王昌龄出了口气。

热考微阅读

胡琴琵琶与羌笛：唐代边塞诗中的乐器

唐代是胡乐传入中原的鼎盛时期，唐代边塞诗中出现了许多描写西域的乐舞诗，出现最多的胡乐器是笛、胡笳和琵琶。笛能够表现凄凉、哀婉之音，带给人无限伤感与哀怨。如王之涣的《凉州词》“羌笛何须怨杨柳，春风不度玉门关”，王昌龄的《从军行四首》“更吹羌笛关山月，无那金闺万里愁”。边塞诗中，诗人也常借助胡笳抒发内心的苦闷哀伤。如岑参的“胡笳一曲断人肠，座上相看泪如雨”，又如“君不闻胡笳声最悲”。琵琶亦是抒发悲苦之情的乐器，白居易在《听李士良琵琶》中称琵琶“声似胡儿弹舌语，愁如塞月恨边云”。

唐代边塞诗常用胡乐写悲凉哀怨，这与胡乐器本身的音色有关，也掺和了诗人的主观情感，将融情入声的乐器和投身边塞的寂寞与乡愁融为一体。